EL BERLITZ SIN MAESTRO:

INGLÉS

EL BERLITZ
SIN MAESTRO:
INGLÉS

POR LA JUNTA EDITORIAL DE

THE BERLITZ SCHOOLS
OF LANGUAGES OF AMERICA, INC.

A PERIGEE BOOK

Perigee Books
are published by
The Putnam Publishing Group
200 Madison Avenue
New York, NY 10016

First Perigee edition 1988

Library of Congress Cataloging-in-Publication Data

El Berlitz sin maestro : inglés / por la junta editorial de
   The Berlitz Schools of Languages of America, Inc.
      p. cm.
      "A Perigee book."
      ISBN 0-399-51465-1
      1. English language—Textbooks for foreign speakers—Spanish.
   I. Berlitz Schools of Languages of America.
   PE1129.S8B44   1988   88-3207 CIP
   428.3'461—dc19

   Printed in the United States of America
      2   3   4   5   6   7   8   9   10

INTRODUCCIÓN

Existe una extraña paradoja entre los idiomas y su aprendizaje. Por una parte, la habilidad de hablar medianamente bien dos o más idiomas es una prueba *prima facie* de una inteligencia superior a lo ordinario. Y por otra parte, el mismo aprendizaje de idiomas es una cosa facilísima. La prueba de esto es que todo ser humano, a menos que sea un completo idiota habla por lo menos un idioma.

La clave reside en el modo de intentarlo. Parecería razonable emplear para el aprendizaje de un nuevo idioma, algo así como el mismo sistema que usted usó para adquirir el suyo propio. Esta idea es la que creó las Escuelas de Idiomas Berlitz, convirtiendo la primitiva escuela de un solo cuarto en Providence, Rhode Island, E. U. A., en la presente institución que circunda el globo entero con más de 300 sucursales.

En una palabra, usted aprende a hablar un nuevo idioma hablándolo- y no de otra manera. Así es cómo los norteamericanos aprenden inglés y así es cómo Ud. aprendió español. No se engañe asimismo creyendo que ha logrado su intento cuando se sienta capaz de leer o traducir el texto inglés. Usted dominará el inglés cuando se sienta a la altura de expresar con él sus ideas. La habilidad para interpretar los pensamientos de otros, no es más que el primer paso.

Un modo de usar eficientemente el BERLITZ SIN MAESTRO es juntarse con otra persona u organizar pequeños grupos. Después de leer toda la lección con su traducción y pronunciación, cada estudiante lee

v

en alta voz directamente el texto inglés. Debe dividirse la lección en porciones adecuadas escogidas entre todos. Después de que cada estudiante ha practicado leyendo en alta voz, uno de ellos asume el papel de instructor y pregunta a los demás los ejercicios llamados PENSANDO EN INGLÉS. Cuando todos puedan contestar estas preguntas sin vacilación, cada estudiante debe inventar diez o doce nuevas preguntas, basadas en la misma o en las precedentes lecciones y hacérselas a los otros. Después de esto, deben escribir las contestaciones a los ejercicios y corregirlas de acuerdo con la llave que se encuentra en el apéndice de este libro.

Cuando un grupo de ustedes hayan aprendido juntos, no sucumban a la tentación de hablar todos a coro. Cada uno debe de hablar por separado, de modo que pueda oirse a sí mismo, y pueda ser oído a su vez por los otros y sacar provecho de ello.

Sin embargo, ¡no se equivoque! Este libro está preparado principalmente para que el estudiante estudie por sí mismo. A pesar de esto, debe ayudarse con lo que hacen sus compañeros de grupo, cuidándose, sin embargo, a sí mismo. Si se siente embarazado por su propia voz ante extraños, ¡escóndase en un lugar apartado! ¡Hable a solas! ¡No importa el medio que Ud. emplee; lo importante es que *hable!* ¡No hable entre dientes como susurrando, hable naturalmente!

Seguramente su atención se dirigirá con frecuencia al vocabulario al final del libro. Úselo escasamente; y, si es posible no lo use del todo. Con pocas excepciones, todas las palabras se encuentran con toda claridad en el texto del libro y solamente rara vez se ha deslizado una que otra nueva palabra en los ejercicios PENSANDO EN INGLÉS, para estimular su interés.

Los autores han preparado este BERLITZ SIN MAESTRO con gran placer, pues abrigan la confianza de que, usándolo adecuadamente y con propiedad, adquirirá el estudiante una sólida base para el completo conocimiento del inglés- y, al mismo tiempo, habrá disfrutado de una buena y sana recreación.

CLAVE DE PRONUNCIACIÓN

Ahora que Ud. se encuentra abordando el estudio del inglés, queremos hacerle notar que este idioma no es tan difícil como parece a primera vista. Para facilitarle más su estudio, hemos adoptado el sistema de usar acentos, dejando a un lado la prosodia clásica y acentuando las palabras donde naturalmente cae la voz. Ej.: *téibl* (table), *píkchœr* (picture), *Uáshington* (Washington), etc.

Hay algunos que piensan que el inglés hablado en Inglaterra es diferente del de los Estados Unidos. Esta idea es exagerada, y no debe preocuparle en absoluto, ya que hay un solo idioma inglés, así como hay un solo idioma español. De la misma manera como hay pequeñas diferencias en la entonación e inflexión de la voz en España, Argentina, Cuba, Chile y más países latinoamericanos, existen también en Inglaterra, Canadá, Estados Unidos, Sudáfrica, Australia y Nueva Zelandia; pero dichas diferencias son secundarias y accidentales y no afectan a la estructura básica de la lengua.

En cuanto a los puntos más difíciles de la pronunciación, encontrará notas especiales que explicarán las dificultades a medida que se presenten.

Mencionaremos aquí solamente unos pocos de los sonidos que puedan darle alguna dificultad, puesto que no existen absolutamente en español.

Observe la siguiente combinación:

Æ—"a" corta. Este sonido cae entre la "A" y la "E" españolas, pero es *un sonido*, no dos. Asimismo, Œ cae entre "O" y "E"; y si Ud. tiene un amigo francés, pídale que pronuncie la palabra "Meuse", o pregunte a un amigo alemán cómo se pronuncia "Köln". El sonido de la vocal que Ud. oiga, corresponderá, aunque imperfectamente, a lo que queremos decir por Œ.

Sin embargo, no lo tome al pie de la letra. El mejor medio de aprender la pronunciación inglesa, es oirla de personas de habla inglesa, y hablar con ellas la mayor parte del tiempo.

¡Búsquese un nuevo amigo del Norte!

LESSON 1

What is this?
Juát is dhis?
¿Qué es esto?

The pencil.	The pen.	The book.	The box.	The paper.	The key.
Dhe pénsil.	*Dhe pen.*	*Dhe buc.*	*Dhe box.*	*Dhe péiper.*	*Dhe ki.*
El lápiz.	La pluma.	El libro.	La caja.	El papel.	La llave.

NOTA para el alumno: No tendrá que preocuparse en su estudio del inglés en cuanto al género del artículo determinado, pues es el mismo para ambos y afortunadamente para Uds. los estudiantes latinos, no varía para el singular ni el plural.

Is this the pencil?	Yes, it is the pencil.
Is dhis dhe pénsil?	*Iés, itt is dhe pénsil.*
¿Es éste el lápiz?	Sí, es el lápiz.
Is this the book?	Yes, it is the book.
Is dhis dhe buc?	*Iés, itt is dhe buc.*
¿Es éste el libro?	Sí, es el libro.
Is this the paper?	Yes, it is the paper.
Is dhis dhe péiper?	*Iés, itt is dhe péiper.*
¿Es éste el papel?	Sí, es el papel.

1

Is this the pen?	No, it is not the pen.
Is dhis dhe pen?	*No, itt is not dhe pen.*
¿Es ésta la pluma?	No, no es la pluma.
Is this the pencil?	No, it is not the pencil; it is the pen.
Is dhis dhe pénsil?	*No, itt is not dhe pénsil; itt is dhe pen.*
¿Es éste el lápiz?	No, no es el lápiz; es la pluma.

CUIDADO: La pronunciación de "the" cuando está antes de una palabra que comienza con vocal, es "dhi" con un sonido entre "d" y la "z" española; en cambio, cuando "the" está antes de consonante debe pronunciarse "dhe", siempre con un sonido entre "d" y "z" española.

The chair.	The table.	The lamp.	The door.
Dhe chéer.	*Dhe téibl.*	*Dhe læmp.*	*Dhe dóor.*
La silla.	La mesa.	La lámpara.	La puerta.
The window.	The telephone.		
Dhe uíndou.	*Dhe télefon.*		
La ventana.	El teléfono.		

Is this the window or the door, miss?
Is dhis dhe uíndou or dhe dóor, mis?
¿Es ésta la ventana o la puerta, señorita?

Is this the lamp or the table, madam?
Is dhis dhe læmp or dhe téibl, mádam?
¿Es ésta la lámpara o la mesa, señora?

It is the door, sir.	It is the lamp, sir.
Itt is dhe dóor, sœr.	*Itt is dhe læmp, sœr.*
Es la puerta, señor.	Es la lámpara, señor.

NOTA para el trato social: Cuando se menciona a una señora con su nombre se debe usar "Mrs." (señora). Ej. "Mrs. Roosevelt", pero si no se emplea el nombre debe decirse simplemente "madam". Del mismo modo, al referirse a un caballero, usando su nombre, debe decirse "Mr." Ej.: "Mr. Churchill"; pero si no se menciona su nombre debe decirse "sir"; Ej.: "it is the lamp, sir".

The wall.	The room.	The ceiling.	The floor.
Dhe uól.	*Dhe rum.*	*Dhe síling.*	*Dhe flóor.*
La pared.	El cuarto.	El techo.	El suelo.

	1	2	3	4	5
Very good.	one	two	three	4	5
Véri gud.	*uæn*	*tú*	*zri*	*fóor*	*fáiv*
Muy bien.				four	five

PENSANDO EN INGLÉS

Ahora que Ud. ya conoce algunas frases en inglés, para comprobar su adelanto, veamos si puede contestar fácilmente a las siguientes preguntas. Léalas y contéstelas Ud. mismo en voz alta. Las contestaciones correctas las encontrará en la página 223.

1. What is this?

2. Is this the book?

3. Is this the box?

4. Is this the table?

5. Is this the door?

6. What is it?

7. Is this the lamp?

8. Is this the chair?

9. What is it?

10. What is this?

11. Is this the book?

12. Is this the pen?

13. Is this the door?

14. Is this the key?

15. What is this?

LESSON 2

Clothing
Clóuzing
Ropa

Good morning. How are you?   Fine, thank you. And you?
Gud mórning. Jáu ar iú?   *Fáin, zænc iú. Ænd iú?*
Buenos días. ¿Cómo está Ud.?   Muy bien, gracias. ¿Y usted?

This is the jacket.
Dhis is dhe yáquet.
Ésta es la chaqueta (saco).

the shirt	**the tie**	**the dress**	**the suit**
dhe shœrt	*dhe tái*	*dhe dres*	*dhe sut*
la camisa	la corbata	el vestido (de mujer)	el traje (de hombre)

the shoe	**the handkerchief**	**the overcoat**	**the skirt**
dhe shu	*dhe jǽndquerchif*	*dhi óvercot*	*dhe skœrt*
el zapato	el pañuelo	el abrigo	la falda

Is this the suit or the dress?
Is dhis dhe sut or dhe dres?
¿Es éste el traje (de hombre) o el vestido (de mujer)?

4

It is the dress.
Itt is dhe dres.
Es el vestido (de mujer).

NOTA: Aunque *traje* o *vestido* se aplique en español indistintamente para vestido de hombre o de mujer, en inglés "dress" se refiere solamente al vestido de la mujer y "suit" al traje del hombre.

the hat	the pocket-book	the sock	the stocking
dhe jæt	*dhe póquet-buc*	*dhe sœc*	*dhe stóquing*
el sombrero	la cartera (de mujer)	el calcetín	la media (de mujer)

the glove	the watch	the money
dhe glœv	*dhe uátch*	*dhe mǽni*
el guante	el reloj	el dinero

Is this the jacket or the shirt?
Is dhis dhe yáquet or dhe shœrt?
¿Es ésta la chaqueta o la camisa?

It is the jacket.
Itt is dhe yáquet.
Es la chaqueta.

Is this the money or the pocket-book?
Is dhis dhe mǽni or dhe póquet-buc?
¿Es esto el dinero o la cartera?

It is the pocket-book.
Itt is dhe póquet-buc.
Es la cartera.

Is this the glove, miss?
Is dhis dhe glœv, miss?
¿Es éste el guante, señorita?

No, sir, it is not the glove; it is the watch.
No, sœr, itt is not dhe glœv; itt is dhi uátch.
No, señor, no es el guante; es el reloj.

NOTA: "it" es un pronombre neutro y equivale a *él, ella, ello,* y se aplica a animales, o cosas inanimadas, pero no a personas.

6	**7**	**8**	**9**	**10**
six	seven	eight	nine	ten
six	*séven*	*éit*	*ndin*	*ten*

PENSANDO EN INGLÉS
(Búsquense las contestaciones en la página 223)

1. What is this?

2. Is it the glove or the shoe?

3. Is it the tie or the handkerchief?

4. What is this?

5. Is it the handkerchief?

6. Is it the pencil?

7. What is this?

8. Is it the dress?

9. Is it the overcoat?

10. Is it the jacket or the shirt?

11. Is it the hat?

12. How are you?

LESSON 3

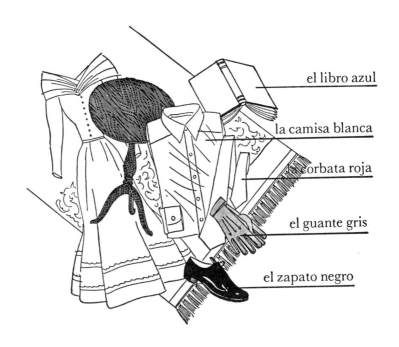

el libro azul

la camisa blanca

la corbata roja

el guante gris

el zapato negro

What color is this?
Juát cólor is dhis?
¿De qué color es esto?

Hello!	**How do you do?**	**Very well, thank you.**
Jeló!	*Jáu du iú du?*	*Véri uél, zænc iú.*
¡Hola!	¿Cómo está Ud.?	Muy bien, gracias.

Black	**red**	**yellow**	**gray**	**white**	**brown**	**green**	**blue**
Blæck	*red*	*iélo*	*grey*	*juáit*	*bráon*	*grín*	*blu*
Negro	rojo	amarillo	gris	blanco	pardo	verde	azul

The glove is gray.	**The shirt is white.**	**The tie is red.**
Dhe glœv is grey.	*Dhe shœrt is juáit.*	*Dhe tái is red.*
El guante es gris.	La camisa es blanca.	La corbata es roja.

7

The pencil is brown.	The book is blue.	The shoe is black.
Dhe pénsil is bráon.	*Dhe buc is blu.*	*Dhe shu is blæck.*
El lápiz es pardo.	El libro es azul.	El zapato es negro.

What is this?	It is the book.	What color is the book?	The book is blue.
Juát is dhis?	*Itt is dhe buc.*	*Juát cólor is dhe buc?*	*Dhe buc is blu.*
¿Qué es esto?	Es el libro.	¿De qué color es el libro?	El libro es azul.

What is this?	It is the ceiling.
Juát is dhis?	*Itt is dhe síling.*
¿Qué es esto?	Es el techo.

What color is the ceiling?	The ceiling is white.
Juát cólor is dhe siling?	*Dhe síling is juáit.*
¿De qué color es el techo?	El techo es blanco.

Is the pencil brown?	Yes, sir, the pencil is brown.
Is dhe pénsil bráon?	*Iés, sœr, dhe pénsil is bráon.*
¿Es pardo el lápiz?	Sí, señor, el lápiz es pardo.

Is the pencil green?	No, sir, the pencil is not green.
Is dhe pénsil grín?	*No, sœr, dhe pénsil is not grín.*
¿Es verde el lápiz?	No, señor, el lápiz no es verde.

Is the pencil black?	No, it is not black.
Is dhe pénsil blæck?	*No, itt is not blæck.*
¿Es negro el lápiz?	No, no es negro.

What color is the pencil?	The pencil is brown.
Juát cólor is dhe pénsil?	*Dhe pénsil is bráon.*
¿De qué color es el lápiz?	El lápiz es pardo.

 ¡NOTA IMPORTANTE! Observe Ud. que el adjetivo debe preceder al substantivo. Otra cosa que le va a gustar al alumno de inglés es que los adjetivos no varían para el singular ni el plural, ni para el masculino ni el femenino.

Is the box green?	No, the box is yellow.
Is dhe box grín?	*No, dhe box is iélo.*
¿Es verde la caja?	No, la caja es ámarilla.

Is the skirt red?
Is dhe skœrt red?
¿Es roja la falda?

No, the skirt is brown.
No, dhe skœrt is brdon.
No, la falda es parda.

What color is the shirt?
Judt cólor is dhe shœrt?
¿De qué color es la camisa?

The shirt is white.
Dhe shœrt is judit.
La camisa es blanca.

What color is the wall?
Judt cólor is dhe uól?
¿De qué color es la pared?

It is gray.
Itt is grey.
Es gris.

What color is the tie?
Judt cólor is dhe tái?
¿De qué color es la corbata?

The tie is red.
Dhe tái is red.
La corbata es roja.

What color is the pen?
Judt cólor is dhe pen?
¿De qué color es la pluma?

It is blue.
Itt is blu.
Es azul.

Is this the telephone?
Is dhis dhe télefon?
¿Es éste el teléfono?

Yes, it is the telephone.
Iés, itt is dhe télefon.
Sí, es el teléfono.

What color is it?
Judt cólor is itt?
¿De qué color es?

It is black.
Itt is blœck.
Es negro.

CUIDADO: Los latinos generalmente tienen mucha dificultad en la pronunciación de la consonante "y". Le será a Ud. muy fácil pronunciarla con suavidad, como una doble "ii" latina.

What color is the American flag?
Judt cólor is dhe Américan flœg?
¿De qué color es la bandera americana?

It is red, white and blue.
Itt is red, judit œnd blu.
Es roja, blanca y azul.

What color is the Mexican flag?
Judt cólor is dhe Méxican flœg?
¿De qué color es la bandera mexicana?

It is green, white and red.
Itt is grin, judit œnd red.
Es verde, blanca y roja.

Fine.	Thank you, sir.	Good-bye, Miss Rivera.	Good-bye, sir.
Fáin.	*Zænk iú, sœr.*	*Gud-bái, Miss Rivera.*	*Gud-bái, sœr.*
Muy bien.	Gracias, señor.	Adiós, señorita Rivera.	Adiós, señor.

NOTA para el alumno: El sonido de la "i" en la palabra "sir" debe pronunciarse como una suave combinación de "o" y "e", es decir: "œ".

PENSANDO EN INGLÉS
(Búsquense las contestaciones en la página 224)

1. Is the pen red?
2. Is the pen gray?
3. What color is the pen?
4. Is the pen white?

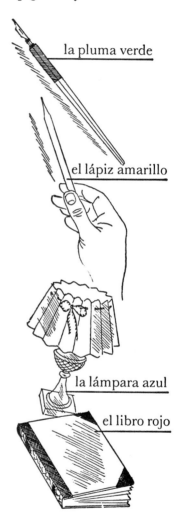

la pluma verde

5. Is the pencil brown or yellow?
6. What is this?
7. Is this the pencil?
8. What color is it?
9. Is the pencil red?

el lápiz amarillo

10. Is the lamp green?
11. Is this the table?
12. Is it the chair?
13. What is it?
14. Is it the lamp?
15. What color is the lamp?
16. Is the lamp yellow and green?

la lámpara azul

17. Is the book yellow?
18. Is the book brown?
19. Is the book blue?
20. What color is the book?

el libro rojo

LESSON 4

el lápiz rojo

la caja negra

el lápiz negro

la caja amarilla

el libro pardo

el vestido amarillo

el libro verde

el vestido negro

el libro rojo

The dimensions
Dhe diménshœns
Las dimensiones

The black pencil is long.
Dhe blæck pénsil is long.
El lápiz negro es largo.

The red pencil is not long.
Dhe red pénsil is not long.
El lápiz rojo no es largo.

It is short.
Itt is short.
Es corto.

Is the black pencil long?
Is dhe blæck pénsil long?
¿Es largo el lápiz negro?

Is the red pencil short?
Is dhe red pénsil short?
¿Es corto el lápiz rojo?

Is the red pencil long or short?
Is dhe red pénsil long or short?
¿Es el lápiz rojo largo o corto?

It is short.
Itt is short.
Es corto.

Is the black dress long?
Is dhe blæck dres long?
¿Es largo el vestido negro?

Yes, it is long.
Iés, itt is long.
Sí, es largo.

Is the yellow dress long?
Is dhi iélo dres long?
¿Es largo el vestido amarillo?

No, it is short.
No, itt is short.
No, es corto.

The yellow box is long;
Dhi iélo box is long;
La caja amarilla es larga;

the black box is short.
dhe blæck box is short.
la caja negra es corta.

12

The yellow box is long and wide;   it is large.
Dhi iélo box is long ænd uáid;   *itt is láarsh.*
La caja amarilla es larga y ancha;   es grande.

The black box is short and narrow;   it is small.
Dhe blæck box is short ænd nárou;   *itt is smóol.*
La caja negra es corta y estrecha;   es pequeña.

The brown book is long and wide;   it is large.
Dhe bráon buc is long ænd uáid;   *itt is láarsh.*
El libro pardo es largo y ancho;   es grande.

NOTA sobre la pronunciación: La "g" en la palabra "large", se pronuncia como "y" muy suave, imitando el sonido de la "ll" como popularmente se pronuncia en la Argentina. Nosotros lo representamos por "sh."

The red book is short and narrow;   it is small.
Dhe red buc is short ænd nárou;   *itt is smóol.*
El libro rojo es corto y estrecho;   es pequeño.

The window is large;   the table is small.
Dhi uíndou is láarsh;   *dhe téibl is smóol.*
La ventana es grande;   la mesa es pequeña.

What color is the large book?   It is brown.
Juát cólor is dhe láarsh buc?   *Itt is bráon.*
¿De qué color es el libro grande?   Es pardo.

What color is the small dress?   It is yellow.
Juát cólor is dhe smóol dress?   *Itt is iélo.*
¿De qué color es el vestido pequeño?   Es amarillo.

The green book is neither large nor small;   it is medium-sized.
Dhe grin buc is nídher láarsh nor smóol;   *itt is mídium-sáisd.*
El libro verde no es ni grande ni pequeño;   es mediano.

Is the yellow box large?   Yes, it is large.
Is dhe iélo box láarsh?   *Iés, itt is láarsh.*
¿Es grande la caja amarilla?   Sí, es grande.

Is the yellow dress large?   No, it is small.
Is dhe iélo dress láarsh?   *No, itt is smóol.*
¿Es grande el vestido amarillo?   No, es pequeño.

What color is the long pencil?   What color is the short pencil?
Juát cólor is dhe long pénsil?   *Juát cólor is dhe short pénsil?*
¿De qué color es el lápiz largo?   ¿De qué color es el lápiz corto?

Brazil is large.
Brasil is láarsh.
Brasil es grande.

Is America large?   Yes, it is.
Is América láarsh?   *Iés, itt is.*
¿Es grande América?   Sí, es.

Is Peru small?   No, it is not.
Is Peru smóol?   *No, itt is not.*
¿Es pequeño el Perú?   No, no es.

Is New York large or small?   It is large.
Is Niú Iórk láarsh or smóol?   *Itt is laarsh.*
¿Es Nueva York grande o pequeña?   Es grande.

11	12	13	14	15
eleven	twelve	thirteen	fourteen	fifteen
iléven	*tuélv*	*dzértin*	*fórtin*	*fíftin.*

PENSANDO EN INGLÉS
(Búsquense las contestaciones en la página 224)

1. Is the red book long?
2. Is it wide?
3. Is it large?
4. Is the green book short?
5. Is it narrow?
6. Is it small?
7. What color is the large book?
8. What color is the small book?

9. What color is the long dress?
10. Is it red?
11. Is the black dress long?
12. Is it short?
13. What color is the short dress?
14. Is it black or green?

15. Is the wide window blue or brown?
16. What color is the large window?
17. Is it gray?
18. Is the red window wide?
19. Is the blue window narrow or wide?
20. Is the blue window large?
21. Is the blue window small?
22. Is the small window yellow or red?
23. Is the large window blue or green?

el libro rojo

el libro verde

el vestido negro

el vestido amarillo

la ventana roja

la ventana azul

LESSON 5

Who is it?
Jú is itt?
¿Quién es?

A gentleman.	a lady	a young lady
E yéntlmæn.	*e léidi*	*a iæng léidi*
Un caballero.	una señora	una señorita

This is Mr. Berlitz;	this is Mrs. Berlitz;	this is Miss Berlitz.
Dhis is Míster Berlitz;	*dhis is mísis Berlitz;*	*dhis is Miss Berlitz.*
Éste es el Sr. Berlitz;	Ésta es la señora Berlitz;	Ésta es la Srta. Berlitz.

NOTA para el trato social: Cuando se habla directamente a una señorita debe decirse "Miss"—*señorita*, Ej. "Thank you, Miss Patton".—*Gracias, señorita Patton*. Pero cuando se hace referencia a ella se usa la expresión "young lady"—*señorita*, Ej. "That young lady is American".—*Esa señorita es americana.*

Is this Mr. Berlitz?	Yes, it is Mr. Berlitz.	No, it is not Mr. Berlitz.
Is dhis Mister Berlitz?	*Iés, itt is Mister Berlitz.*	*No, itt is not Mister Berlitz.*
¿Es éste el Señor Berlitz?	Sí, es el señor Berlitz.	No, no es el señor Berlitz.

Is this Mrs. Berlitz?	Yes, it is Mrs. Berlitz.	No, it is not.
Is dhis misis Berlitz?	*Iés, itt is misis Berlitz.*	*No, itt is not.*
¿Es ésta la señora Berlitz?	Sí, es la señora Berlitz.	No, no es.

OBSERVACIÓN: En inglés hay solamente dos adjetivos demostrativos: "this" (*Este, esta*) y "that" (*ese, esa, aquel, aquella*), y dos pronombres demostrativos: "this" (*éste, ésta, esto*) y "that" (*ése, ésa, eso, aquél, aquélla, aquello*). Adelante hablaremos del plural. ¡Qué fácil es el inglés!, ¿verdad?

Is this Mr. Vargas?	Yes, it is Mr. Vargas.	No, it is not Mr. Vargas.
Is dhis Mister Vargas?	*Iés, itt is Mister Vargas.*	*No, itt is not Mister Vargas.*
¿Es éste el Sr. Vargas?	Sí, es el señor Vargas.	No, no es el señor Vargas.

Is this Mrs. Guerra?	Yes, it is Mrs. Guerra.	No, it is not Mrs. Guerra.
Is dhis Misis Guerra?	*Iés, itt is misis Guerra.*	*No, itt is not misis Guerra.*
¿Es ésta la señora Guerra?	Sí, es la señora Guerra.	No, no es la señora Guerra.

Who is this gentleman?	It is Mr. Herrera.
Ju is dhis yéntlmæn?	*Itt is Mister Herrera.*
¿Quién es este caballero?	Es el señor Herrera.

Who is this lady?	It is Mrs. Rojas.
Ju is dhis léidi?	*Itt is Misis Rojas.*
¿Quién es esta señora?	Es la señora Rojas.

Who is this young lady?	It is Miss Pérez.
Ju is dhis iœng léidi?	*Itt is Miss Pérez.*
¿Quién es esta señorita?	Es la señorita Pérez.

You are Mr. Fernandez.	I am Mr. Berlitz.
Iú ar mister Fernández.	*Ái æm mister Berlitz.*
Ud. es el Sr. Fernández.	Yo soy el Sr. Berlitz.

You are the pupil,	I am the teacher.
Iú ar dhe piúpil,	*Ái æm dhe tícher.*
Ud. es el alumno,	Yo soy el profesor.

Are you Mr. Ramirez?	Yes, I am.
Ar iú mister Ramírez?	*Iés, di æm.*
¿Es Ud. el Sr. Ramírez?	Sí, yo soy.

Am I Mr. Johnson?	No, you are not Mr. Johnson.
Æm di mister Yónson?	*No, iú ar not mister Yónson.*
¿Soy yo el Sr. Johnson?	No, Ud. no es el Sr. Johnson.

Who am I?
Ju æm ái?
¿Quién soy yo?

You are Mr. Berlitz.
Iú ar mister Berlitz.
Ud. es el Sr. Berlitz.

Who are you?
Ju ar iú?
¿Quién es Ud?

I am Mr. Ramirez.
Ái æm mister Ramírez.
Yo soy el Sr. Ramírez.

Who is this lady?
Ju is dhís léidi?
¿Quién es esta Sra.?

She is Mrs. Castillo.
Shi is Misis Castillo.
Ella es la Sra. Castillo.

Who is Mr. Porras?
Ju is Mister Porras?
¿Quién es el Sr. Porras?

You are.
Iú ar.
Usted es.

Who is Miss Lopez?
Ju is Miss López?
¿Quién es la Srta. López?

I am.
Ái æm.
Yo soy.

Are you the teacher?
Ar iú dhe ticher?
¿Es Ud. el profesor?

No, I am not the teacher; I am the pupil.
No, Ái æm not dhe ticher; Ái æm dhe piúpil.
No, yo no soy el profesor; you soy el alumno.

Am I the teacher?
Æm ái dhe ticher?
¿Soy yo el profesor?

Yes, you are.
Iés iú ar.
Sí, Ud. es.

I am standing.
Ái æm stánding.
Yo estoy de pie.

You are seated.
Iú ar sited.
Ud. está sentado.

Mrs. Rivera is standing.
Mísis Rivera is stánding.
La Sra. Rivera está de pie.

Mr. Castro is standing.
Mister Castro is stánding.
El Sr. Castro está de pie.

Miss Rosales is standing.
Miss Rosales is stánding.
La Srta. Rosales está de pie.

Mrs. Hurtado is seated.
Mísis Hurtado is sited.
La Sra. Hurtado está sentada.

Mr. Amaya is seated.
Mister Amaya is sited.
El Sr. Amaya está sentado.

Am I seated?
Æm ái sited?
¿Estoy yo sentado?

No, you are standing.
No, iú ar stánding.
No, Ud. está de pie.

I am Mrs. Lacayo; I am standing.
Ái æm Mísis Lacayo; Ái æm stánding.
Yo soy la Sra. Lacayo; yo estoy de pie.

Am I Mrs. Arguello?
Æm Ái Mísis Argüello?
¿Soy yo la Sra. Argüello?

No, madam, you are Mrs. Suárez.
No, mádam, iú ar Mísis Suárez.
No, señora, Ud. es la Sra. Suárez.

Am I seated?
Æm di síted?
¿Estoy yo sentada?

No, madam, you are not seated; you are standing.
No, mádam, iú are not síted; iú are stánding.
No, señora, Ud. no está sentada; Ud. está de pie.

NOTA para el alumno: Debe haberse notado que en **inglés** se omite el artículo "el", al referirse a personas. Ej.: "**Mr.** Poessy is standing".—*El Sr. Poessy está de pie*, "He is **Mr.** Berlitz".—*Él es el Sr. Berlitz.*

I am Mexican.
Ái æm méxican.
Yo soy mexicano.

You are American.
Iú ar Américan.
Ud. es americano.

Am I American?
Æm Ái Américan?
¿Soy yo americano?

No, you are not American; you are **Cuban.**
No, iú ar not Américan; iú ar Kiúban.
No, Ud. no es americano; Ud. es cubano.

Is Mr. Poessy American?
Is Mr. Poessy Américan?
¿Es el Sr. Poessy americano?

No, he is Central American.
No, ji is Céntral Américan.
No, él es centroamericano.

Is Mr. Berlitz American?
Is Mr. Berlitz Américan?
¿Es el Sr. Berlitz americano?

Yes, he is American.
Iés, ji is Américan.
Sí, él es americano.

NOTA para el alumno: Fíjese que el pronombre "I" (yo) siempre se escribe con mayúscula, lo mismo que Mr., Miss y Mrs.

16	17	18	19	20
sixteen	seventeen	eighteen	nineteen	twenty
síxtin	*séventin*	*éitin*	*náintin*	*tuénti*

PENSANDO EN INGLÉS
(Búsquense las contestaciones en la página 224)

1. Who are you?
2. Are you North American?
3. Are you the teacher?
4. Are you Cuban?
5. Am I Mr. Berlitz?
6. Am I the teacher?
7. Am I South American?
8. Am I Colombian?
9. Is Cantinflas American?
10. Is Pedro Armendáriz Chilean?
11. Is Libertad Lamarque American?
12. Is Carmen Miranda American, French, or Brazilian?
13. Who is American, Agustín Lara or General Eisenhower?
14. Is Mr. Truman Spanish or American?
15. Is Mr. Stalin Spanish or Russian?
16. Is Hirohito Chinese or Japanese?

LESSON 6

Which one is it?
¿Juich uœn is itt?
¿Cuál es?

This hat is black;	that hat is gray.
Dhis jœt is blœck;	*dhœt jœt is grey.*
Este sombrero es negro;	ese (aquel) sombrero es gris.
Which hat is black?	This one.
Juich jœt is blœck?	*Dhis uœn.*
¿Qué sombrero es negro?	Éste.
Which hat is gray?	That one.
Juich jœt is grey?	*Dhœt uœn.*
¿Qué sombrero es gris?	Ése (aquél).
This box is black;	that box is yellow.
Dhis box is blœck;	*dhœt box is iélo.*
Esta caja es negra;	esa caja es amarilla.

NOTA para el alumno: En el inglés idiomático se acostumbra contestar a la pregunta "which" (*cuál*) diciendo "this one" o "that one" (*este uno, ese uno*) aunque simplemente "this" o "that" sea igualmente correcto.

Which box is black?   This one.
Juich box is blæck?   *Dhis uœn.*
¿Qué caja es negra?   Ésta.

Which box is yellow?   That one.
Juich box is iélo?   *Dhæt uœn.*
¿Qué caja es amarilla?   Ésa.

This is my book;   that is your book.
Dhis is may buc;   *dhæt is iúr buc.*
Éste es mi libro;   ése es su libro.

That one is Mr. Castillo's book;   that one is his book.
Dhæt uœn is Mister Castillos buc;   *dhæt uœn is jis buc.*
Ése (aquél) es el libro del Sr. Castillo;   ése (aquél) es su libro.

This is my pen;   that one is your pen.
Dhis uœn is may pen;   *dhæt uœn is iúr pen.*
Ésta es mi pluma;   ésa (aquélla) es su pluma.

That one is Mrs. Prego's pen;   that is her pen.
Dhæt uœn is Misis Pregos pen;   *dhæt is jer pen.*
Ésa (aquélla) es la pluma de la Sra. Prego;   ésa (aquélla) es su pluma.

What is this?   It is my book.
Judt is dhis?   *Itt is may buc.*
¿Qué es esto?   Es mi libro.

Is this Mr. Castro's book?   Yes, it is his book.
Is dhis Mister Castros buc?   *Iés, itt is jis buc.*
¿Es éste el libro del Sr. Castro?   Sí, es su libro.

¡NOTA IMPORTANTE! El genitivo o posesivo se forma de dos maneras: 1) Anteponiendo la preposición "of" (de) al substantivo, Ej. "The legs of the table"—*Las patas de la mesa.* 2) Añadiendo una "s" al substantivo poseedor, con un apóstrofe en medio. Ej.: "The president's yacht"—*El yate del Presidente,* "Mr. Truman's yacht"—*El yate del Sr. Truman.* Cuando el substantivo termina en "s", no se le agrega la "s", bastando solamente el apóstrofe. Ej.: "Mr. Miles' hat"—*El sombrero del Sr. Miles.*

Is this my glove?
Is dhis may glœv?
¿Es éste mi guante?

Yes, it is your glove.
Iés, itt is iúr glœv.
Sí, es su guante.

Is this your suit or your shirt?
Is dhis iúr sut or iúr shœrt?
¿Es éste su traje o su camisa?

It is neither my suit nor my shirt.
Itt is nidher may sut nor may shœrt.
No es mi traje ni mi camisa.

It is my jacket.
Itt is may yáquet.
Es mi chaqueta (saco).

NOTA sobre el adjetivo posesivo: En inglés el adjetivo posesivo correspondiente a la primera persona es "my" (*mi*) para ambos géneros y para el singular y plural; el de la segunda es "your" (*su*) también para ambos géneros y el singular y plural; el de la tercera persona es "his" (*su, de él*) para el masculino, ya sea singular o plural el objeto poseído y "her" (*su, de ella*) si la persona poseedora es mujer, ya sea singular o plural el objeto poseído. El neutro es "its" (*su*) que se aplica a los animales o cosas inanimadas.

Obsérvese:
El ojo del hombre—"his eye"
El ojo de la mujer—"her eye"
El ojo del perro—"its eye"

This gentleman is my father;
Dhis yéntlmæn is my fádher;
Este caballero es mi padre;

that young man is my brother;
dhæt iœng mæn is my bródher;
ese joven es mi hermano;

that child is my son.
dhæt cháild is may son.
ese niño es mi hijo.

Is this lady your sister?
Is dhis léidi iúr sister?
¿Es esta señora su hermana?

No, sir, she is my wife.
No, sœr, shi is my uáif.
No, señor, ella es mi esposa.

This young lady is my sister.
Dhis iœng léidi is may sister.
Esta señorita es mi hermana.

Who is that lady?
Ju is dhæt léidi?
¿Quién es esa señora?

It is my mother.
Itt is may módher.
Es mi madre.

Whose hat is this?
Jus jæt is dhis?
¿De quién es este sombrero?

It is Mr. Castro's.
Itt is Mister Castros.
Es del señor Castro.

It is Mrs. Lacayo's.
Itt is Mísis Lacayos.
Es de la señora Lacayo.

Is this your pencil?
Is dhis iúr pénsil?
¿Es éste su lápiz?

No, sir.
No, sœr.
No, señor.

Which is your pencil?
Juích is iúr pénsil?
¿Cuál es su lápiz?

That one.
Dhæt uœn.
Ése.

Is this my pen?
Is dhis may pen?
¿Es ésta mi pluma?

No, madam.
No, mádam.
No, señora.

Which is my pen?
Juích is may pen?
¿Cuál es mi pluma?

That one is.
Dhæt uœn is.
Ésa es.

Is this Mr. Arguello's hat?
Is dhis Mister Argüellos jæt?
¿Es éste el sombrero del Sr. Argüello?

No, it is not his hat.
No, itt is not jis jæt.
No, ése no es su sombrero.

Which is Mr Arguello's hat?
Juích is Mister Argüellos jæt?
¿Cuál es el sombrero del Sr. Argüello?

That one.
Dhæt uœn.
Ése.

Which is my pencil?
Juích is may pénsil?
¿Cuál es mi lápiz?

This one.
Dhis uœn.
Éste.

Which is your glove?
Juích is iúr glov?
¿Cuál es su guante?

That one.
Dhæt uœn.
Ése.

Which is Mrs. Rodriguez' glove?
Juích is Mísis Rodriguez glov?
¿Cuál es el guante de la Sra. Rodríguez?

It is that one.
It is dhæt uœn.
Es ése.

Which book is red?
Juích buc is red?
¿Qué libro es rojo?

This one.
Dhis uœn.
Éste.

Is this the red book?
Is dhis dhe red buc?
¿Es éste el libro rojo?

Yes, this is it.
Iés, dhis is itt.
Sí, éste es.

Which is the blue book?
Juích is dhe blu buc?
¿Cuál es el libro azul?

That one.
Dhæt uœn.
Ése.

OJO: Hay dos maneras de pronunciar "th": suave, "this" (dhis) y fuerte "thank" (zænc).

21	22	23	24	25
twenty-one	twenty-two	twenty-three	twenty-four	twenty-five
tuénti-uœn	*tuénti-tú*	*tuénti-zrí*	*tuénti-fóor*	*tuénti-fáiv*

PENSANDO EN INGLÉS
(Búsquense las contestaciones en la página 225)

1. Is the professor's hat black?

2. Is the cowboy's hat large?

3. What color is his hat?

4. Is my hat green?

5. Is Mrs. Wiggs's pocket-book small?

6. Is Peggy's pocket-book large?

7. This pencil is blue, that pencil is green; which pencil is blue?

8. Is that pencil red?

9. What color is the professor's handkerchief?

10. Is his house large or small?

11. Is that his book?

12. What color is Peggy's pocket-book?

13. Is Mrs. Wiggs's skirt long?

14. Is Peggy's skirt long?

Mrs. Wiggs

Peggy

LESSON 7

Where is it?
Juéer is itt?
¿Dónde está?

The book is on the table.
Dhe buc is on dhe téibl.
El libro está encima de la mesa.

The box is under the table.
Dhe box is ónder dhe téibl.
La caja está debajo de la mesa.

The hat is not on the floor.
Dhe jæt is not on dhe flóor.
El sombrero no está en el suelo.

It is not on the chair.
Itt is not on dhe chéer.
No está encima de la silla.

 OJO: *Encina de* y *en* se traducen ambos por "on". Ej.: "The hat is on the head"—*El sombrero está encima de la cabeza*, "The telephone is on the table"—*El teléfono está en la mesa*. Nótese también: "The picture is on the wall"—*El cuadro está en la pared*.

I am the teacher.
Ái æm dhe ticher.
Yo soy el profesor.

You are the student.
Iú ar dhe stiúdent.
Usted es el alumno.

I am in front of the door.
Ái æm in frænt of dhe dóor.
Yo estoy delante de la puerta.

26

You are behind the table.
Iú ar bijáind dhe téibl.
Usted está detrás de la mesa.

Mr. Fox is American.
Mister Fox is Américan.
El señor Fox es americano.

He is between you and me.
Ji is bituín iú ænd mi.
Él está entre usted y yo.

ESTO ES IMPORTANTE: "He is between you and me." En la formación de esta oración, la primera persona del pronombre personal debe usarse en acusativo (*me*) y nunca en nominativo como en español.

This lady is American.
Dhis léidi is Américan.
Esta señora es americana.

She is seated.
Shi is síted.
Ella está sentada.

That young lady is Spanish.
Dhæt iæng léidi is Spænish.
Esa señorita es española.

She is standing.
Shi is stænding.
Ella está de pie.

Where is the box?
Juéer is dhe box?
¿Dónde está la caja?

The box is under the table.
Dhe box is ónder dhe téibl.
La caja está debajo de la mesa.

Who am I?
Jú æm ái?
¿Quién soy yo?

You are the teacher.
Iú ar dhe ticher.
Usted es el profesor.

Where am I?
Juéer æm ái?
¿Dónde estoy yo?

You are in front of the door.
Iú ar in frœnt of dhe dóor.
Ud. está enfrente de la puerta.

Who are you?
Jú ar iú?
¿Quién es Ud.?

I am the pupil.
Ái æm dhe piúpil.
Yo soy el alumno.

Where are you?
Juéer ar iú?
¿Dónde está Ud.?

I am behind the table.
Ái æm bijáind dhe téibl.
Yo estoy detrás de la mesa.

UN CONSEJO ÚTIL: No se preocupe Ud. en cuanto a la diferencia entre "ser" y "estar"; en inglés hay solamente un verbo para ambos, cuyo infinitivo es "to be".

Where is Mr. Brown?
Juéer is Mister Bráon?
¿Dónde está el Sr. Brown?

Between you and me.
Bituin iú ænd mi.
Entre Ud. y yo.

Where is the window?
Juéer is dhe uindou?
¿Dónde está la ventana?

Behind you.
Bijáind iú.
Detrás de Ud.

Very good!
Véri gud!
¡Muy bien!

Thank you!
Zænk iú!
¡Gracias!

The hat is on the chair.
Dhe jæt is on dhe chéer.
El sombrero está encima de la silla.

The pencil is on the hat.
Dhe pénsil is on dhe jæt.
El lápiz está encima del sombrero.

Where is the pencil?
Juéer is dhe pénsil?
¿Dónde está el lápiz?

It is on the hat.
Itt is on dhe jæt.
Está encima del sombrero.

Where is the hat?
Juéer is dhe jæt?
¿Dónde está el sombrero?

It is on the chair.
Itt is on dhe chéer.
Está encima de la silla.

The paper is under the box.
Dhe péiper is ónder dhe box.
El papel está debajo de la caja.

The pen is on the book.
Dhe pen is on dhe buc.
La pluma está encima del libro.

Where is the paper?
Juéer is dhe péiper?
¿Dónde está el papel?

It is under the box.
Itt is ónder dhe box.
Está debajo de la caja.

NO SE OLVIDE: Siempre hay que usar el pronombre con el verbo. Ej.: "Where is the telephone?"—*¿Dónde está el teléfono,* "Here it is".—*Aquí está.*

Where is the pen?
Juéer is dhe pen?
¿Dónde está la pluma?

It is on the book.
Itt is on dhe buc.
Está encima del libro.

The pen is in the box.
Dhe pen is in dhe box.
La pluma está dentro de la caja.

The shirt is in the drawer.
Dhe shært is in dhe dróor.
La camisa está dentro de la gaveta.

Where is the pen?
Juéer is dhe pen?
¿Dónde está la pluma?

It is in the box.
Itt is in dhe box.
Está dentro de la caja.

Where is the shirt? | It is in the drawer.
Juéer is dhe shœrt? | *Itt is in dhe dróor.*
¿Dónde está la camisa? | Está dentro de la gaveta.

And the tie, is it under the bed?
Ænd dhe tái, is itt ónder dhe bed?
Y la corbata, ¿está debajo de la cama?

No, sir, the tie is on the bed.
No, sœr, dhe tái is on dhe bed.
No, señor, la corbata está encima de la cama.

The wall is behind me. | The table is in front of me.
Dhi uól is bijáind mi. | *Dhe téibl is in frœnt of mi.*
La pared está detrás de mí. | La mesa está enfrente de mí.

So, I am between the table and the wall.
Sóu, Ái æm bituín dhe téibl ænd dhi uól.
Así, yo estoy entre la mesa y la pared.

Is the table behind me? | No, the table is in front of you.
Is dhe téibl bijáind mi? | *No, dhe téibl is in frœnt of iú.*
¿Está la mesa detrás de mí? | No, la mesa está enfrente de Ud.

What is behind me? | The wall, sir.
Judt is bijáind mi? | *Dhi uól, sœr.*
¿Qué hay detrás de mí? | La pared, señor.

Where am I, then? | You are between the table and the wall.
Juéer æm Ái, dhen? | *Iú ar bituín dhe téibl ænd dhi uól.*
¿Dónde estoy yo, entonces? | Ud. está entre la mesa y la pared.

Where is Mr. White? | He is between you and me.
Juéer is Mister Juáit? | *Ji is bituín iú ænd mi.*
¿Dónde está el Sr. White? | Él está entre Ud. y yo.

Excellent. Your memory is very good. | Thank you, sir, you are very kind.
Écselent. Iúr mémori is véri gud. | *Zænk-iú, sœr, iú ar véri káind.*
Excelente. Su memoria es muy buena. | Gracias, señor, Ud. es muy amable.

I am standing in front of the door. | You are sitting behind the table.
Ái æm stánding in frœnt of dhe dóor. | *Iú ar siting bijáind dhe téibl.*
Yo estoy de pie enfrente de la puerta. | Ud. está sentado detrás de la mesa.

Miss Seary is seated in front of the window.
Miss Síri is sited in frœnt of dhi uíndou.
La Srita. Seary está sentada enfrente de la ventana.

Mr. Peters is standing in front of the wall.
Mister Píters is stánding in frœnt of dhi uól.
El Sr. Peters está de pie enfrente de la pared.

Am I standing or sitting?
Æm Ái stǽnding or siting?
Estoy yo de pie o sentado?

You are standing.
Iú ar stǽnding.
Ud. está de pie.

Are you in this room?
Ar iú in dhis rum?
¿Está Ud. en este cuarto?

Yes, sir.
Iés, sœr.
Sí, señor.

Is Miss Seary standing?
Is Miss Síri stǽnding?
¿Está de pie la Srita. Seary?

No, she is not standing, but sitting.
No, shi is not stǽnding, bœt siting.
No, ella no está de pie sino sentada.

Is Mr. Peters standing?
Is Míster Píters stǽnding?
¿Está de pie el Sr. Peters?

Yes, he is standing in front of the wall.
Iés, ji is stǽnding in frœnt of dhe uól.
Sí, él está de pie enfrente de la pared.

Is he in this room?
Is ji in dhis rum?
¿Está él en este cuarto?

Yes, he is in this room.
Iés, ji is in dhis rum.
Sí, él está en este cuarto.

Hollywood is in the United States.
Jóliuúd is in dhi Iunáited Stéits.
Hollywood está en los Estados Unidos.

Paris is in France.
Páris is in Frans.
París está en Francia.

London is in England.
Lóndon is in Íngland.
Londres está en Inglaterra.

Rome is in Italy.
Rom is in Ítali.
Roma está en Italia.

Berlin is in Germany.
Bérlin is in Yérmani.
Berlín está en Alemania.

Is Rome in Italy?
Is Rom in Ítali?
¿Está Roma en Italia?

Yes, it is in Italy.
Iés, it is in Ítali.
Sí, está en Italia.

Is London in France?
Is Lóndon in Frans?
¿Está Londres en Francia?

No, London is not in France, but in England.
No, Lóndon is not in Frans, bœt in Íngland.
No, Londres no está en Francia, sino en Inglaterra.

Where is Paris?   Paris is in France.
Juéer is Páris?   *Páris is in Frans.*
¿Dónde está París? París está en Francia.

Where is Berlin?   In Germany.
Juéer is Bérlin?   *In Yérmani.*
¿Dónde está Berlín? En Alemania.

Is Mr. Smith in this room?
Is Míster Smiz in dhis rum?
¿Está el Sr. Smith en este cuarto?

Yes, he is here.
Iés, ji is jíœr.
Sí, él está aquí.

Where is my hat?
Juéer is may jæt?
¿Dónde está mi sombrero?

It is here, on the chair.
Itt is jíœr, on dhe chéer.
Aquí está, encima de la silla.

Where is the book?
Juéer is dhe buc?
¿Dónde está el libro?

It is there, on the table.
Itt is dhéer, on dhe téibl.
Está allí, encima de la mesa.

Where is the wall?
Juéer is dhi uól?
¿Dónde está la pared?

It is there, behind you.
It is dhéer, bijáind iú.
Está allí, detrás de Ud.

Where is the telephone?
Juéer is dhe télefon?
¿Dónde está el teléfono?

It is here, in front of you.
Itt is jíær, in frænt of iú.
Está aquí, enfrente de Ud.

Is Mr. Berlitz here?
Is Mister Berlitz jíær?
¿Está el Sr. Berlitz aquí?

No, he is not here.
No, ji is not jíær.
No, él no está aquí.

He is in California.
Ji is in Califórnia.
Está en California.

CONSEJO para el alumno: Muy a menudo se hace una contracción en las expresiones "I am", "you are", "he is", etc., de esta manera: "I'm" (Áim), "you're" (iúr), "he's" (jis). Esto es aceptado en la conversación y aún en la escritura informal. Si Ud. no se acostumbra a esta contracción, le será difícil comprender el inglés cuando se habla ligero.

26	27	28	29	30
twenty-six	twenty-seven	twenty-eight	twenty-nine	thirty
tuénti-six	*tuénti-séven*	*tuénti-éit*	*tuénti-náin*	*zérti*

PENSANDO EN INGLÉS
(Búsquense las contestaciones en la página 225)

1. Where is the book?
2. Is the book under the chair?
3. Is the pen on the table?
4. Where is the pen?
5. Where is the box?

6. Where is the teacher?
7. Is the teacher on the table?
8. Is the teacher standing on the table?
9. Who is standing before the door?
10. Are you sitting on the chair?

11. Is the paper in the book?
12. Is the paper in the box?
13. Where is the hat?
14. Is the box on the table?
15. Is the pen on the box?

16. Is the key under the chair?
17. This pencil is red, that pencil is black. What color is ʰhat pencil?
18. Is that pencil black?
19. Is this book large or small?

LESSON 8

What does the teacher do?
Juát dœs dhe tícher du?
¿Qué hace el profesor?

The teacher takes the book.
Dhe tícher téics dhe buc.
El profesor toma el libro.

The teacher puts the book on the chair.
Dhe tícher puts dhe buc on dhe chéer.
El profesor pone el libro encima de la silla.

The teacher takes the ruler.
Dhe tícher téics dhe rúler.
El profesor toma la regla.

He puts the ruler under the table.
Ji puts dhe rúler ónder dhe téibl.
Él pone la regla debajo de la mesa.

The teacher opens the book.
Dhe tícher ópens dhe buc.
El profesor abre el libro.

He closes the book.
Ji clóuses dhe buc.
Él cierra el libro.

The teacher carries the chair to the window.
Dhe tícher cœrris dhe chéer tu dhe uindou.
El profesor lleva la silla a la ventana.

33

Does the teacher take the pencil?
Dœs dhe ticher teic dhe pénsil?
¿Toma el profesor el lápiz?

No, he does not take the pencil.   **He takes the book.**
No, ji dœs not téic dhe pénsil.   *Ji téics dhe buc.*
No, él no toma el lápiz.   Él toma el libro.

ATENCIÓN: Como se habrá notado, el presente de los verbos es facilísimo. La única forma que varía es la tercera persona del singular, que siempre lleva en el afirmativo una "s" o "es" al final, según la terminación del verbo. Ej.: "The teacher *takes* the book." "The student *puts* the watch in his pocket".

Now, does he take the box?   **No, he does not take the box.**
Náu, dœs ji téic dhe box?   *No, ji dœs not téic dhe box.*
Ahora, ¿toma la caja?   No, él no toma la caja.

Does the teacher put the box on the table?
Dœs dhe ticher put dhe box on dhe téibl?
¿Pone el profesor la caja encima de la mesa?

Yes, he puts the box on the table.
Iés, ji puts dhe box on dhe téibl.
Sí, él pone la caja encima de la mesa.

Does he put the ruler on the chair?
Dœs ji put dhe rúler on dhe chéer?
¿Pone él la regla encima de la silla?

No, he does not put the ruler on the chair.
No, ji dœs not put dhe rúler on dhe chéer.
No, él no pone la regla encima de la silla.

NOTA sobre el negativo: Para la formación del negativo debe usarse el auxiliar "do" y "does" según que sean la tercera persona o las demás, seguido del negativo "not". Ej.: "I *do not* put the money in my pocket".—*Yo no meto el dinero en mi bolsillo,* "He *does not* carry the book to the door."—*Él no lleva el libro a la puerta.*

Where does the teacher put the ruler?   **He puts the ruler under the table.**
Juéer dœs dhe ticher put dhe rúler?   *Ji puts dhe rúler ónder dhe téibl.*
¿Dónde pone el profesor la regla?   Él pone la regla debajo de la mesa.

Does the teacher open the book?   **Yes, he opens the book.**
Dœs dhe ticher ópen dhe buc?   *Iés, ji ópens dhe buc.*
¿Abre el profesor el libro?   Sí, él abre el libro.

Does the teacher open the door?
Dœs dhe ticher ópen dhe dóor?
¿Abre el profesor la puerta?

Yes, he opens the door.
Iés, ji ópens dhe dóor.
Sí, él abre la puerta.

Does he close the door?
Dœs ji clóus dhe dóor?
¿Cierra él la puerta?

No, he does not close the door.
No, ji dœs not clóus dhe dóor.
No, él no cierra la puerta.

Does the teacher carry the chair into the corridor?
Dœs dhe ticher cárri dhe chéer intu dhe córridor?
¿Lleva el profesor la silla al corredor?

What does the teacher do?
Juát dœs dhe ticher du?
¿Qué hace el profesor?

He carries the chair to the window.
Ji cárris dhe chéer tu dhe uindou.
Él lleva la silla a la ventana.

The teacher goes to the door.
Dhe ticher góus tu dhe dóor.
El profesor va a la puerta.

Does the teacher go to the window?
Dœs dhe ticher góu tu dhi uindou?
¿Va el profesor a la ventana?

No, he does not go to the window.
No, ji dœs not góu tu dhi uindou.
No, él no va a la ventana.

Where does he go? He goes to the door.
Juéer dœs ji góu?   Ji góus tu dhe dóor
¿Adónde va?   Él va a la puerta.

The teacher comes before you.
Dhe ticher cœms bifór iú.
El profesor viene delante de Ud.

Does the teacher come before you?
Dœs dhe ticher cœm bifór iú?
¿Viene el profesor delante de Ud.?

Yes, he comes before me.
Iés, ji cœms bifór mi.
Sí, él viene delante de mí.

Does the teacher come into this room?
Dœs dhe ticher cœm intu dhis rum?
¿Entra el profesor en este cuarto?

Yes, he comes into this room.
Iés, ji cœms intu dhis rum.
Sí, él entra en este cuarto.

The teacher closes the door.
Dhe ticher clóuses dhe dóor.
El profesor cierra la puerta.

He opens the window.
Ji ópens dhi uindou.
Él abre la ventana.

I am the teacher.
Ái æm dhe ticher.
Yo soy el profesor.

I take the book.
Ái téic dhe buc.
Yo tomo el libro.

Take the book, Mr. Foster.
Téic dhe buc, Mister Fóster.
Tome el libro, Sr. Foster.

You take the book.
Iú téic dhe buc.
Ud. toma el libro.

NOTA sobre el imperativo: El imperativo es muy fácil. La segunda persona del singular se forma con el infinitivo del verbo. Ej.: "Take a letter".—*Tome una carta.* "Go to the door"—*Vaya a la puerta.* La forma negativa se forma con el auxiliar "do". Ej.: "Do not take the book"—*No tome el libro.* "Do not go to the door"—*No vaya a la puerta.* Las demás personas del imperativo se forman con la ayuda del auxiliar "let," como lo veremos más adelante.

I put the book on the chair.
Ái put dhe buc on dhe chéer.
Yo pongo el libro encima de la silla.

What am I doing?
Juát æm Ái dúing?
¿Qué hago yo?

Miss Black, put the book on the table.
Mís Blac, put dhe buc on dhe téibl.
Srita. Black, ponga el libro encima de la mesa.

What are you doing?
Juát ar iú dúing?
¿Qué hace Ud.?

Do you take the book?
Du iú téic dhe buc?
¿Toma Ud. el libro?

Yes, I take the book.
Iés, ái téic dhe buc.
Sí, yo tomo el libro.

Do I take the box?
Du Ái téic dhe box?
¿Tomo yo la caja?

No, you do not take the box.
No, iú du not téic dhe box.
No, Ud. no toma la caja.

Do you put the book on the chair?
Du iú put dhe buc on dhe chéer?
¿Pone Ud. el libro encima de la silla?

Yes, I put the book on the chair.
Iés, Ái put dhe buc on dhe chéer.
Sí, yo pongo el libro encima de la silla.

No, I do not put the book on the chair.
No, Ái du not put dhe buc on dhe chéer.
No, yo no pongo el libro encima de la silla.

Do I put the money in my pocket?
Du Ái put dhe mæni in may pócket?
¿Meto yo el dinero en mi bolsillo?

No, you do not put the money in your pocket.
No, iú du not put dhe mæni in iúr pócket.
No, Ud. no mete el dinero en su bolsillo.

What am I doing?
Juát æm Ái dúing?
¿Qué hago yo?

You take the book.
Iú téic dhe buc.
Ud. toma el libro.

Take the pen.
Téic dhe pen.
Tome la pluma.

Do you take the pen?
Du iú téic dhe pen?
¿Toma Ud. la pluma?

No, I do not take the pen.
No, Ái du not téic dhe pen.
No, yo no tomo la pluma.

Yes, I take the pen.
Iés, Ái téic dhe pen.
Sí, yo tomo la pluma.

Please, repeat.
Plíis, ripít.
Repita, por favor.

Take the pen.
Téic dhe pen.
Tome la pluma.

Thanks.
Zæncs.
Gracias.

What am I doing?
Juát æm Ái dúing?
¿Qué hago yo?

You open the book.
Iú ópen dhe buc.
Ud. abre el libro.

Do I open the window?
Du Ái ópen dhe uíndou?
¿Abro yo la ventana?

NOTA: Las expresiones *"Yo estoy abriendo"*, *"Yo estoy tomando"*, se forman en inglés de la misma manera que en español. Ej.: "I am opening"—*Yo estoy abriendo,* "I am taking"—*Yo estoy tomando.*

No, you don't open the window, but the book.
No, iú dont ópen dhe uíndou bæt dhe buc.
No, Ud. no abre la ventana, sino el libro.

Where am I going?
Juéer æm Ái góing?
¿Adónde voy?

I am going to the window.
Ái æm góing tu dhe uíndou.
Yo voy a la ventana.

Do I go to the door?
Du Ái góu tu dhe dóor?
¿Voy yo a la puerta?

No, sir, you go to the window.
No, sær, iú góu tu dhe uíndou.
No, señor, Ud. va a la ventana.

Go to the door, sir.
Góu tu dhe dóor, sær.
Vaya a la puerta, señor.

Do you go to the window?
Du iú góu tu dhe uíndou?
¿Va Ud. a la ventana?

No, I do not go to the window.
No, Ái du not góu tu dhe uíndou.
No, yo no voy a la ventana.

Come to the table.
Cæm tu dhe téibl.
Venga a la mesa.

Do you come to the chair?
Du iú cæm tu dhe chéer?
¿Viene Ud. a la silla?

No, I am not coming to the chair.
No, Ái æm not cæming tu dhe chéer.
No, yo no vengo hacia la silla.

What are you doing?
Juát ar iú dúing?
¿Qué hace Ud.?

I am coming to the table.
Ái æm cæming tu dhe téibl.
Yo vengo a la mesa.

I come from the corridor into the room.
Ái cæm from dhe córridor intu dhe rum.
Yo vengo del corredor al cuarto.

Do I come towards you?
Du Ái cæm tords iú?
¿Vengo yo hacia Ud.?

No, sir, you do not come towards me.
No, sær, iú du not cæm tords mi.
No, señor, Ud. no viene hacia mí.

OJO: Otra contracción muy usada, tanto en la conversación como en la correspondencia informal, es "don't" en vez de "do not" y "doesn't" en vez de "does not".

Towards whom do I go?		You go towards Mr. Kinney.
Tords jum du Ái góu?		*Iú góu tords Mister Kini.*
¿Hacia quién voy yo?		Ud. va hacia el Sr. Kinney.

Come here.	Do you come before me?	Yes, I come in front of you.
Cæm jíær.	*Du iú cæm bifór mi?*	*Iés, Ái cæm in frænt of iú.*
Venga aquí.	¿Viene Ud. delante de mí?	Sí, yo vengo delante de Ud.

From where do you come?	I come from the door.
From juéer du iú cæm?	*Ái cæm from dhe dóor.*
¿De dónde viene Ud.?	Vengo de la puerta.

Come to the blackboard, sir.	Come to the blackboard, miss.
Cæm tu dhe bláckbord, sær.	*Cæm tu dhe bláckbord, mis.*
Venga a la pizarra, señor.	Venga a la pizarra, señorita.

What is the young lady doing?
Juát is dhi iæng léidi dúing?
¿Qué hace la señorita?

You do not understand my question, do you?
Iú du not onderstánd may cuésticæn, du iú?
¿Usted no entiende mi pregunta, no?

No, sir, I do not understand it.
No, sær, Ái du not onderstánd it.
No, señor, no la entiendo.

Too bad! You come to the blackboard and the young lady also comes to
   the blackboard.
*Tú bæd! Iú cæm tu dhi bláckbord ænd dhi iong léidi ólso cæms tu dhe
   bláckbord.*
¡Qué lástima! Ud. viene a la pizarra y también la señorita viene a la
   pizarra.

Do you understand now?	Yes, sir, I understand.	Very good.
Du iú onderstánd náu?	*Iés, sær, Ái onderstánd.*	*Véri gud.*
¿Entiende ahora?	Sí, señor, entiendo.	Muy bien.

NOTA importante: Para la formación de las frases interrogativas en inglés se usa el auxiliar "do" en todas sus
formas para casi la mayoría de los verbos. Ej.: "Do you
take?"—¿Toma usted?, "Do I carry it?"—¿Lo llevo yo?, "Does
he take?"—¿Toma él?, "Does he carry it?"—¿Lo lleva él?, etc.,
pero para la forma del "progresivo inglés" "Is he coming?"—¿Viene él?,
"Is he going?"—¿Va él?, "Are you taking?"—¿Toma Ud.?, "Are you put-
ting?"—¿Pone Usted?, simplemente se invierte el orden.

Take the pencil, sir.
Téic dhe pénsil, sœr.
Tome el lápiz, señor.

Put the paper on the table.
Put dhe péiper on dhe téibl.
Ponga el papel encima de la mesa.

Do you take the pen?
Du iú téic dhe pen?
¿Toma Ud. la pluma?

No I do not take it.
No, Ái du not téic itt.
No, yo no la tomo.

Do you take the pencil?
Du iú téic dhe pénsil?
¿Toma Ud. el lápiz?

Yes, I take it.
Iés, Ái téic itt.
Sí, lo tomo.

Do you put the paper on the table?
Du iú put dhe péiper on dhe téibl?
¿Pone Ud. el papel encima de la mesa?

Yes, I put it on the table.
Iés, Ái put itt on dhe téibl.
Sí, lo pongo encima de la mesa.

Do you take the hat?
Du iú téic dhe jæt?
¿Toma Ud. el sombrero?

No, I do not take it.
No, Ái du not téic itt.
No, no lo tomo.

Do I take the hat?
Du Ái téic dhe jæt?
¿Tomo yo el sombrero?

Yes, you take it.
Iés, iú téic itt.
Sí, Ud. lo toma.

PENSANDO EN INGLÉS
(Búsquense las contestaciones en la página 225)

1. What does the teacher do?
2. Does the teacher take the book?
3. Does the teacher put the book under the table?
4. Does he take the box?
5. Is the teacher sitting or standing?

6. Does the teacher close the window?
7. Does he open the door or the window?
8. Does the teacher open the door?
9. Do you open the door?
10. Does the teacher open the box?

11. Does the teacher go to New York?
12. Does he go to Paris?
13. Is the teacher in an airplane?
14. Is New York large or small?
15. Are you in Hollywood?
16. Who goes to New York, you or the teacher?

LESSON 9

Counting
Cáunting
Contando

1	**5**	**9**	**13**	**17**
One	**Five**	**Nine**	**Thirteen**	**Seventeen**
Uœn	*Fáiv*	*Náin*	*Zœ́rtin*	*Séventin*
Uno	Cinco	Nueve	Trece	Diez y siete
2	**6**	**10**	**14**	**18**
Two	**Six**	**Ten**	**Fourteen**	**Eighteen**
Tu	*Six*	*Ten*	*Fórtin*	*Éitin*
Dos	Seis	Diez	Catorce	Diez y ocho
3	**7**	**11**	**15**	**19**
Three	**Seven**	**Eleven**	**Fifteen**	**Nineteen**
Zri	*Séven*	*Iléven*	*Fíftin*	*Ndintin*
Tres	Siete	Once	Quince	Diez y nueve
4	**8**	**12**	**16**	**20**
Four	**Eight**	**Twelve**	**Sixteen**	**Twenty**
Fóor	*Éit*	*Tuélv*	*Sixtin*	*Tuénti*
Cuatro	Ocho	Doce	Diez y seis	Veinte

21	30	52	82
Twenty-one	**Thirty**	**Fifty-two**	**Eighty-two**
Tuénti-uœn	*Zœrti*	*Fífti-tu*	*Éiti-tu*
Veinte y uno	Treinta	Cincuenta y dos	Ochenta y dos
22	**31**	**60**	**90**
Twenty-two	**Thirty-one**	**Sixty**	**Ninety**
Tuénti-tu	*Zœrti-uœn*	*Síxti*	*Náinti*
Veinte y dos	Treinta y uno	Sesenta	Noventa
23	**32**	**61**	**91**
Twenty-three	**Thirty-two**	**Sixty-one**	**Ninety-one**
Tuénti-zri	*Zœrti-tu*	*Síxti-uœn*	*Náinti-uœn*
Veinte y tres	Treinta y dos	Sesenta y uno	Noventa y uno
24	**33**	**62**	**92**
Twenty-four	**Thirty-three**	**Sixty-two**	**Ninety-two**
Tuénti-fóor	*Zœrti-zri*	*Síxti-tu*	*Náinti-tu*
Veinte y cuatro	Treinta y tres	Sesenta y dos	Noventa y dos
25	**40**	**70**	**100**
Twenty-five	**Forty**	**Seventy**	**One hundred**
Tuénti-fáiv	*Fórti*	*Séventi*	*Uœn jóndred*
Veinte y cinco	Cuarenta	Setenta	Ciento
26	**41**	**71**	**500**
Twenty-six	**Forty-one**	**Seventy-one**	**Five hundred**
Tuénti-six	*Fórti-uœn*	*Séventi-uœn*	*Fáiv jóndred*
Veinte y seis	Cuarenta y uno	Setenta y uno	Quinientos
27	**42**	**72**	**1000**
Twenty-seven	**Forty-two**	**Seventy-two**	**One thousand**
Tuénti-séven	*Fórti-tu*	*Séventi-tu*	*Uœn Záusana*
Veinte y siete	Cuarenta y dos	Setenta y dos	Mil
28	**50**	**80**	**2000**
Twenty-eight	**Fifty**	**Eighty**	**Two thousand**
Tuénti-éit	*Fífti*	*Éiti*	*Tu Záusand*
Veinte y ocho	Cincuenta	Ochenta	Dos mil
29	**51**	**81**	**1,000,000**
Twenty-nine	**Fifty-one**	**Eighty-one**	**One milliou**
Tuénti-náin	*Fífti-uœn*	*Éiti-uœn*	*Uœn million*
Veinte y nueve	Cincuenta y uno	Ochenta y uno	Un millón

365
Three hundred and sixty-five
Zri jóndred œnd sixti fáiv
Trescientos sesenta y cinco

NOTA: Cuando el número que se refiere a fechas y direcciones tiene 4 cifras, se acostumbra decir los primeros dos guarismos, y luego los otros dos. Ej.: 1492—"fourteen-ninety-two", 1913—"nineteen-thirteen".

To count,	I count.	You count.	Count.	One, two, three, four, ... etc.
Tu cáunt.	*Ái cáunt.*	*Iú cáunt.*	*Cáunt.*	*Uœn, tu, zrí, fóor, ... etc.*
Contar.	Yo cuento.	Ud. cuenta.	Cuente.	Uno, dos, tres, cuatro, ... etc.

You count from one to four.
Iú cáunt from uœn tu fóor.
Ud. cuenta desde uno hasta cuatro.

I count from ten to fifteen.
Ái cáunt from ten tu fíftin.
Yo cuento desde diez hasta quince.

What do I do?	You count.	What do you do?	I count.
Juát du Ái du?	*Iú cáunt.*	*Juát du iú du?*	*Ái cáunt.*
¿Qué hago yo?	Ud. cuenta.	¿Qué hace Ud.?	Yo cuento.

Count from twenty to thirty
Cáunt from tuénti tu zœrti.
Cuente desde veinte hasta treinta.

From what number do you count?
From juát nœmber du iú cáunt?
¿Desde qué número cuenta Ud.?

Up to what number does the gentleman count?
Œp tu juát nœmber dœs dhe yéntlmœn cáunt?
¿Hasta qué número cuenta el caballero?

What numbers are these?
Juát nœmbers ar dhiis?
¿Qué números son éstos?

Three, thirteen, thirty, fifty.
Zri, zœrtin, zœrti, fífti.
Tres, trece, treinta, cincuenta.

One book.	Two books.	Three books.
Uœn buc.	*Tu bucs.*	*Zri bucs.*
Un libro.	Dos libros.	Tres libros.

One chair.	Two chairs.	Three chairs.
Uœn chéer.	*Tu chéers.*	*Zri chéers.*
Una silla.	Dos sillas.	Tres sillas.

NOTA sobre el plural: La formación del plural en inglés es muy sencilla. Como en español, se forma añadiendo al singular la terminación "s" como en: "boy", "boys"; "book", "books"; "pen", "pens"; "paper", "papers"; pero si el nombre termina en *s, x, z, ch,* y *sh* se le agrega la sílaba "es". Ejemplos: "gas", "gases"; "grass", "grasses"; "box", "boxes"; "topaz", "topazes"; "bench", "benches"; "brush", "brushes". Hay algunas excepciones en que el plural varía radicalmente como: "woman", "women"; "mouse", "mice"; etc.

Two and two are four.
Tu ænd tu ar fóor.
Dos y dos son cuatro.

How much are three and five?
Jáu mœch ar zri ænd fáiv?
¿Cuántos son tres más cinco?

Three and five are eight.
Zri ænd fáiv ar éit.
Tres más cinco son ocho.

Two times four are eight.
Tu táims fóor ar éit.
Dos por cuatro son ocho.

How much are three times three?
Jáu mœch ar zri táims zri?
¿Cuánto es tres por tres?

Five times three are fifteen.
Fáiv táims zri ar fíftin.
Cinco por tres son quince.

This newspaper costs fifteen cents.
Dhis niúspeiper costs fíftin cents.
Este periódico cuesta quince centavos.

The hat costs ten dollars.
Dhe jæt costs ten dólars.
El sombrero cuesta diez dólares.

This book costs three dollars.
Dhis buc costs zri dólars.
Este libro cuesta tres dólares.

How many books are there on the table?
Jaú méni bucs ar dhéer on dhe téibl?
¿Cuántos libros hay encima de la mesa?

There are six.
Dhéer ar six.
Hay seis.

How many pencils are there?
Jáu méni pénsils ar dhéer?
¿Cuántos lápices hay?

Eight.
Éit.
Ocho.

How many chairs are there in this room?
Jáu méni chéers ar dhéer in dhis rum?
¿Cuántas sillas hay en este cuarto?

Ten.
Ten.
Diez.

How many windows?
Jáu méni uíndous?
¿Cuántas ventanas?

How many doors?
Jáu méni dóors?
¿Cuántas puertas?

How many miles is it from New York to Washington?
Jáu méni máils is it from Niu Iórk tu Uáshington?
¿Cuántas millas hay de Nueva York a Washington?

How much does this book cost?
Jáu mœch dœs dhis buc cost?
¿Cuánto vale este libro?

It costs three dollars.
Itt costs zri dólars.
Cuesta tres dólares.

How much does the watch cost?
Jáu mœch dœs dhe uátch cost?
¿Cuánto cuesta el reloj?

It costs sixty dollars.
Itt costs síxti dólars.
Cuesta sesenta dólares.

NOTA: Cuando se pregunta el precio de un artículo, se dice también: "How much is this?"—¿Cuánto vale esto?

PENSANDO EN INGLÉS
(Búsquense las contestaciones en la página 226)

1. Count from one to ten. What do you do?
2. I count: 1, 2, 3, ... etc. What do I do?
3. What does the teacher do?
4. How many chairs are there in this room?
5. Is there one table?
6. How many boxes are there on the table?
7. How much does six times five make?
8. Does two times two make 5?
9. How much does seven times three make?
10. How much does the New York Times cost?
11. How much does this book cost?
12. Does this book cost ten dollars?
13. Does this watch cost one hundred dollars?
14. How many cents are there in a dollar?
15. Does six and two make 6?

LESSON 10

The human body
Dhe jiúmæn bódi
El cuerpo humano

The head, *Dhe jed,* La cabeza,	the hair, *dhe jéar,* el pelo,	the nose, *dhe nóus,* la nariz,	the mouth. *dhe máuz,* la boca,
the shoulders, *dhe shóulders,* los hombros,	the tongue, *dhe tœng,* la lengua,	the eyes, *dhe áys,* los ojos,	the forehead, *dhe fóorjed,* la frente,
the neck, *dhe nec,* el cuello,	the legs, *dhe legs,* las piernas,	the back, *dhe bæck,* la espalda,	the chest, *dhe chest,* el pecho,
the fingers, *dhe fínguers,* los dedos de la mano,	the toes, *dhe tóos,* los dedos del pie,	the ears, *dhe iers,* las orejas,	the foot, *dhe fut,* el pie,
the feet, *dhe fit,* los pies,	the arms, *dhe arms,* los brazos,	the hands, *dhe jænds,* las manos,	the knees, *dhe níis,* las rodillas,

46

the tooth,   the teeth,   the lips.
dhe tuz,   *dhe tiz,*   *dhe lips.*
el diente,   los dientes,   los labios.

NOTA para el alumno: Tenga presente que en inglés hay dos palabras diferentes para *dedos de la mano*—"fingers" y *dedos del pie*—"toes".

The right arm,   the left arm,   the right hand,   the left hand.
Dhe ráit arm,   *dhe left arm,*   *dhe ráit jænd,*   *dhe left jænd.*
El brazo derecho, el brazo izquierdo, la mano derecha, la mano izquierda.

CONSEJO útil: Para indicar direcciones, *a la derecha*, y *a la izquierda*, se dice "to the right", "to the left", y para decir "siga recto" se dice "go straight ahead" (góu stréit ajéd).

What is this?   It is the book.   What are these?   They are books.
Juát is dhis?   *Itt is dhe buc.* *Juát ar dhiis?*   *Dhey ar bucs.*
¿Qué es esto?   Es el libro.   ¿Qué son estos?   Son libros.

                   This is the box.   These are the boxes.
                   Dhis is dhe box. *Dhiis ar dhe bóxes.*
                   Ésta es la caja.   Éstas son las cajas.

                   This is the paper.   These are some papers.
                   Dhis is dhe péiper. *Dhiis ar sœm péipers.*
                   Éste es el papel.   Éstos son unos papeles.

                   What is this?   It is a book.   It is a box.
                   Juát is dhis?   *Itt is e buc.*   *Itt is e box.*
                   ¿Qué es esto?   Es un libro.   Es una caja.

What are these?   These are some books.   These are some boxes.
Juát ar dhiis?   *Dhiis ar sœm bucs.*   *Dhiis ar sœm bóxes.*
¿Qué son éstos?   Éstos son unos libros. Éstas son unas cajas.

NOTA: "some" significa *algo de, algún, varios, algunos.* Ejemplos: "Some books"—*Algunos libros,* "Some money"—*Algún dinero,* "Some bread"—*Algo de pan.*

What color is this book?   It is red.
Juát cólor is dhis buc?   *Itt is red.*
¿De qué color es este libro? Es rojo.

What color are these books?	They are red.
Judt cólor ar dhiis bucs?	*Dhey ar red.*
¿De qué color son estos libros?	Son rojos.
Are the pens blue?	No, they are not blue.
Ar dhe pens blu?	*No, dhey ar not blu.*
¿Son azules las plumas?	No, no son azules.
What color is this chair?	It is yellow.
Judt cólor is dhis chéer?	*Itt is iélo.*
¿De qué color es esta silla?	Es amarilla.
What color are these chairs?	They are yellow.
Judt cólor ar dhiis chéers?	*Dhey ar iélo.*
¿De qué color son estas sillas?	Son amarillas.

OJO: EL adjetivo calificativo no varía para el singular ni el plural, el masculino ni femenino y debe preceder al sustantivo que califica. Ejemplos: "The pretty girl"—*La muchacha bonita;* "The pretty girls"—*Las muchachas bonitas;* "The pretty child"—*El niño bonito;* "The pretty children" —*Los niños bonitos.*

Are these boxes gray?	No, they are not gray.
Ar dhiis bóxes grey?	*No, dhey ar not grey.*
¿Son grises estas cajas?	No, no son grises.
What color are these books?	One is red, the other is black.
Judt cólor ar dhiis bucs?	*Uœn is red, dhi ódher is blœck.*
¿De qué color son estos libros?	Uno es rojo, el otro es negro.
Who is this gentleman?	It is Mr. Williams.
Ju is dhis yéntlmœn?	*Itt is Mister Uiliams.*
¿Quién es este caballero?	Es el Sr. Williams.

NOTA: El pronombre "Who" es el mismo para el singular (*quien*) y para el plural (*quienes*).

Who are these gentlemen?	These are Mr. Kern and Mr. Jones.
Ju ar dhiis yéntlmœn?	*Dhiis ar Mister Kern œnd Mister Yons.*
¿Quiénes son estos caballeros?	Éstos son el Sr. Kern y el Sr. Jones.
Who is this lady?	It is Mrs. Black.
Ju is dhis léidi?	*Itt is Misis Blœc.*
¿Quién es esta señora?	Es la Sra. Black.

Who are these ladies?
Ju ar dhíis léidis?
¿Quiénes son estas señoras?

They are Mrs. May and Mrs. Brown.
Dhey ar Mísis Mey ænd Mísis Bráun.
Son la Sra. May y la Sra. Brown.

Who is this young lady?
Ju is dhis iæng léidi?
¿Quién es esta señorita?

It is Miss Rivers.
Itt is Mis Rivers.
Es la señorita Rivers.

Who are these young ladies?
Ju ar dhíis iæng léidis?
¿Quiénes son estas señoritas?

They are Miss Hall and Miss Wheelock.
Dhey ar Mis Jol ænd Mis Uíloc.
Son las señoritas Hall y Wheelock.

Are you American, Miss?
Ar iú Américan, Mís?
¿Es Ud. americana, señorita?

Yes, sir, I am American.
Iés, sœr, Ái æm Américan.
Sí, señor, yo soy americana.

Young ladies, are you Americans?
Iæng léidis, ar iú Américans?
Señoritas, ¿son Uds. americanas?

Yes, sir, we are Americans.
Iés, sœr, ui ar Américans.
Sí, señor, nosotras somos americanas.

Ladies, are you English?
Léidis, ar iú Ínglish?
Señoras, ¿son Uds. inglesas?

No, we are not English, we are American.
No, ui ar not Ínglish, ui ar Américan.
No, nosotras no somos inglesas, somos americanas.

 NOTA: Los adjetivos calificativos no tienen plural.

This is my hat.
Dhis is may jæt.
Éste es mi sombrero.

These are my gloves.
Dhíis ar may glœvs.
Éstos son mis guantes.

This is your tie.
Dhis is iúr tái.
Ésta es su corbata.

These are your shoes.
Dhíis ar iúr shúus.
Éstos son sus zapatos.

Which is my hat?
Juích is may jæt?
¿Cuál es mi sombrero?

This one.
Dhis uœn.
Éste.

Which is your tie?
Juích is iúr tái?
¿Cuál es su corbata?

This one.
Dhis uœn.
Ésta.

Which are your pens?
Juích ar iúr pens?
¿Cuáles son sus plumas?

These.
Dhíis.
Éstas.

Whose hat is this?	**It is Mr. Graham's.**
Jus jæt is dhis?	*Itt is Mister Gréams.*
¿De quién es este sombrero?	Es del Sr. Graham.

ADVIÉRTASE: "Whose" (*de quien, de quienes*) es lo mismo, para el singular y el plural.

Whose hats are these?	**They are the pupils'.**
Jus jæts ar dhiis?	*Dhey ar dhe piúpils.*
¿De quiénes son estos sombreros?	Son de los alumnos.

Which are the pupils' books?	**Those are.**
Juich ar dhe piúpils bucs?	*Dhóus ar.*
¿Cuáles son los libros de los alumnos?	Ésos son.

Which are the chairs of the ladies?	**Those are.**
Juich ar dhe chéers of dhe léidis?	*Dhóus ar.*
¿Cuáles son las sillas de las señoras?	Ésas son.

Whose chair is this?	**It is John's.**
Jus chéer is dhis?	*Itt is Yons.*
¿De quién es esta silla?	Es de Juan.

Whose chairs are these?	**They are Messrs. Berlitz's and Brooks'.**
Jus chéers ar dhiis?	*Dhey ar Mésers Berlitz's ænd Bruks.*
¿De quiénes son estas sillas?	Son de los Sres. Berlitz y Brooks.

¡NO SE OLVIDE! Para formar el posesivo de un nombre, se añade "s" después de su última letra. Sin embargo, cuando el nombre ya termina en "s", "sh", "x", "ch", se pone el apóstrofe después, y no antes, de la "s"; etc.

PENSANDO EN INGLÉS
(Búsquense las contestaciones en la página 226)

1. What is under the teacher's left arm?

2. Is there a newspaper under the teacher's left arm?

3. Is there a pipe in the teacher's pocket?

4. Where is the paper?

5. Is the ruler under the teacher's right foot?

6. What is there in the teacher's right hand?

7. Are there any pencils in the box?

8. Are there any keys on the table?

9. Where are the books?

10. Are there any pictures on the wall?

11. Are there two dogs under the table?

12. How many books are there on the table?

13. Is there money in the teacher's pocket?

14. Is there a hat on the small chair?

LESSON 11

I write the alphabet
Ái ráit dhi álfabet

Yo escribo el alfabeto

The teacher takes the chalk.
Dhe tícher téics dhe choc.
El profesor toma la tiza.

He writes the alphabet.
Ji ráits dhi álfabet.
Él escribe el alfabeto.

What does the teacher do?
Juát dœs dhe tícher du?
¿Qué hace el profesor?

Where does he write?
Juéer dœs ji ráit?
¿Dónde escribe?

What does he write?
Juát dœs ji ráit?
¿Qué escribe?

He writes on the **blackboard**.
Ji ráits on dhe bláckbord.
Él escribe en la pizarra.

He takes the chalk and **writes.**
Ji téics dhe choc and ráits.
Él toma la tiza y escribe.

On the blackboard.
On dhe bláckbord.
En la pizarra.

The alphabet.
Dhi álfabet.
El alfabeto.

Who is writing on the blackboard?
Ju is ráiting on dhe bláckbord?
¿Quién escribe en la pizarra?

The teacher.
Dhe tícher.
El profesor.

Take a pencil and paper, Mr. Rodgers.
Téic e pénsil ænd péiper, Míster Royers.
Tome un lápiz y papel, Sr. Rodgers.

Write the alphabet.
Ráit dhi álfabet.
Escriba el alfabeto.

NOTA sobre el imperativo: Para usar el imperativo, emplee la forma básica del verbo, sin pronombre determinado. Ej.: "Write!" "Read!" Desde luego, siempre resulta más práctico usar la palabra "please" (*por favor*) con el imperativo.

You write the alphabet on the paper.
Iú ráit dhi álfabet on dhe péiper.
Ud. escribe el alfabeto en el papel.

Take the chalk and write the alphabet on the blackboard.
Téic dhe choc ænd ráit dhi álfabet on dhe bláckbord.
Tome la tiza y escriba el alfabeto en la pizarra.

I write.	You write.	I write the alphabet.	Do you write?
Ái ráit.	*Iú ráit.*	*Ái ráit dhi álfabet.*	*Du iú ráit?*
Yo escribo.	Ud. escribe.	Yo escribo el alfabeto.	¿Escribe Ud.?

What do you write?
Juát du iú ráit?
¿Qué escribe Ud.?

I write letters.
Ái ráit léters.
Yo escribo letras.

¡CUIDADO! En inglés la palabra "letter" significa *letra* y tambien *carta*; solamente el sentido de la frase le podrá indicar su significado.

Take a book and read.
Téic a buc ænd rid.
Tome un libro y lea.

I read.
Ái rid.
Yo leo.

You read.
Iú rid.
Ud. lee.

What are you doing?
Juát ar iú dúing?
¿Qué hace usted?

I am reading the newspaper.
Ái æm ríding dhe niuspéiper.
Yo leo el periódico.

What am I doing?
Juát æm Ái dúing?
¿Qué hago yo?

You are reading the paper.
Iú ar ríding dhe péiper.
Ud. lee el periódico.

I read the alphabet.
Ái rid dhi álfabet.
Yo leo el alfabeto.

	A	B	C	etc.
	Éi	*Bi*	*Si*	*etc.*

What am I reading?   You are reading the alphabet.
Juát æm Ái ríding?   *Iú ar ríding dhi álfabet.*
¿Qué leo yo?   Ud. lee el alfabeto.

I write numbers on the blackboard.   Read these numbers.
Ái ráit næmbers on dhe bláckbord.   *Ríid dhíis næmbers.*
Yo escribo números en la pizarra.   Lea estos números.

I write the letters A and B.   Here is a letter.   Here is another letter.
Ái ráit dhe léters Éi ænd Bi.   *Jíær is e léter.*   *Jíær is anódher léter.*
Yo escribo las letras A y B.   He aquí una letra.   He aquí otra letra.

	I am writing letters.	A	B	C	D
	Ái æm ráiting léters.	*Éi*	*Bi*	*Si*	*Di*
	Yo escribo letras.				

What is this?   It is a letter.   **What letter is this?**   The letter A.
Juát is dhis?   *Itt is e léter.*   *Juát léter is dhis?*   *Dhe léter Éi.*
¿Qué es esto?   Es una letra.   ¿Qué letra es ésta?   La letra A.

Here is the letter C.   **What letters are these?**   **They are the letters A and B.**
Jíær is dhe léter Ci.   *Juát léters ar dhiis?*   *Dhey ar dhe léters Éi ænd Bi.*
He aquí la letra C.   ¿Qué letras son éstas?   Son las letras A y B.

I am writing words.   I write the word "table".   **Read this word.**
Ái æm ráiting uærds.   *Ái ráit dhe uærd "téibl".*   *Ríid dhis uærd.*
Yo escribo palabras.   Yo escribo la palabra "mesa".   Lea esta palabra

What are you reading?   Sir, read this book.   **What are you reading?**
Juát ar iú ríding?   *Sær, ríid dhis buc.*   *Juát ar iú ríding?*
¿Qué lee usted?   Señor, lea este libro.   ¿Qué lee usted?

Young lady, read from the blackboard.   What are you doing?
Iæng léidi, ríid from dhe bláckbord.   *Juát ar iú dúing?*
Señorita, lea en la pizarra.   ¿Qué hace usted?

What does she do?   She reads from the blackboard.
Juát dæs shi du?   *Shi ríids from dhe bláckbord.*
¿Qué hace ella?   Ella lee en la pizarra.

Here is another word: "wall".
Jíær is anódher uærd: "uól".
He aquí otra palabra: "pared".

How many letters are there in the word "America"?
Jáu méni léters ar dhéer in dhe uærd "América"?
¿Cuántas letras hay en la palabra "América"?

In the word 'America" there are seven letters.
In dhe ucérd "América" dhéer ar séven léters.
En la palabra "América" hay siete letras.

Here is a French word: "Monsieur".
Jícer is e French ucérd: "Msieur".
He aquí una palabra francesa: "Monsieur".

"Mister" is an English word.
"Mister" is an Ínglish ucérd.
"Mister" es una palabra inglesa.

"Signore" is an Italian word.
"Signore" is an Itálian ucérd.
"Signore" es una palabra italiana.

Is this a French book?
Is dhis e french buc?
¿Es éste un libro francés?

No, sir, this book is not French.
No, scer, dhis buc is not French.
No, señor, este libro no es francés.

Is it Italian?
Is itt Itálian?
¿Es italiano?

No, sir, it is English.
No, scer, itt is Ínglish.
No, señor, es inglés.

I say the English alphabet:
Ái sei dhi Ínglish álfabet:
Yo digo el alfabeto inglés:

A	B	C	D	E	F	G	H	I	J		K	L	M
Éi	*Bi*	*Si*	*Di*	*I*	*Ef*	*Yi*	*Éich*	*Ái*	*Yéi*		*Key*	*El*	*Em*

N	O	P	Q	R	S	T	U	V	W		X	Y	Z
En	*Ou*	*Pi*	*Kiú*	*Ar*	*Es*	*Ti*	*Iú*	*Vi*	*Dóbl-iú*		*Ecs*	*Udi*	*Dsi*

NOTA: El sonido de la "z" inglesa es diferente de su sonido en español; para lograr su sonido trate de imitar el zumbido de la abeja.

What does the teacher do?
Juát dœs dhe tícher du?
¿Qué hace el profesor?

He says the alphabet.
Ji ses dhi álfabet.
Él dice el alfabeto.

Say the alphabet, sir.
Sei dhi álfabet, scer.
Diga el alfabeto, señor.

I write a sentence:
Ái ráit e séntens:
Yo escribo una frase:

"The hat is on the chair."
"Dhe jæt is on dhe chéer."
"El sombrero está encima de la silla."

How many words are there in this sentence?
Jáu méni ucérds ar dhéer in dhis séntens?
¿Cuántas palabras hay en esta frase?

In this sentence there are six words.
In dhis séntens dhéer ar six uérds.
En esta frase hay seis palabras.

NOTA para el alumno: Para preguntar en inglés cómo se escribe una palabra, se debe preguntar cómo se deletrea. Ej.: "How do you spell the word 'head' in English?"— *¿Cómo se deletrea la palabra "head" en inglés?*

In Washington English is spoken.
In Uáshington Ínglish is spóuken.
En Washington se habla inglés.

In Paris French is spoken.
In Páris French is spóuken.
En París se habla francés.

UNA CONSTRUCCIÓN IDIOMÁTICA: "Is spoken" es una construcción pasiva que no debe preocuparle todavía, puesto que la estudiaremos más adelante. Por el momento acuérdese simplemente que equivale a "se habla".

In Berlin German is spoken.
In Berlín Yérman is spóuken.
En Berlín se habla alemán.

In Madrid Spanish is spoken.
In Madrid Spǽnish is spóuken.
En Madrid se habla español.

What is spoken in Tokyo?
Juát is spóuken in Tóquio?
¿Qué se habla en Tokyo?

Japanese is spoken there.
Yápaniis is spóuken ahéer.
Se habla japonés allí.

Do you speak English, Miss?
Du iú spic Ínglish, Mis?
¿Habla Ud. inglés, señorita?

Yes, sir, I do.
Iés, sær, Ái du.
Sí, señor, yo lo hablo.

NOTA para el alumno: La contestación anterior, "Yes, sir, I do", equivale a la repetición afirmativa de toda la pregunta. Ej.: "Do you read the Times?" —*¿Lee Ud. el Times?*, "Yes, I do", equivale a decir "Yes, I do read the Times"— *Sí, yo leo el Times.* El auxiliar "do" es al mismo tiempo un verbo que significa *hacer.* "Do" como auxiliar se usa para la formación de la mayor parte de las frases interrogativas y negativas, como se ha visto en las lecciones anteriores.

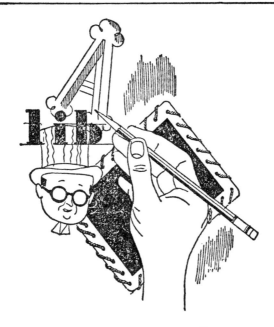

PENSANDO EN INGLÉS
(Búsquense las contestaciones en la página 226)

1. Write the letter A on the paper. What do you do?
2. I write the word "liberty". What do I write?
3. Mr. Jones writes the alphabet on the blackboard. Who writes the alphabet on the blackboard?
4. Read this sentence: "I am American". What do you do?
5. How many letters are there in this sentence?
6. Do you read English?
7. Does Mr. Berlitz read English?
8. Does he speak English?
9. Does Mr. Jones speak Russian?
10. What do you speak, English or Spanish?
11. Does Mrs. Delpeux speak French?
12. Is the word "gentleman" German or French?
13. I say: A, B, C, D, etc. Do I say the alphabet?
14. Do you say the Russian alphabet?
15. What alphabet does the English teacher say?
16. What language is spoken in New York?
17. Is Spanish spoken in Mexico City?
18. Is Russian spoken in Madrid?
19. What language is spoken in Berlin, Spanish or English?

LESSON 12

From A to Z
From Éi Tu Dsi
Desde la A hasta la Z

The English alphabet begins with the letter **A,**
Dhi Ínglish álfabet biguins uidh dhe léter Éi,
El alfabeto inglés empieza con la letra A,

and ends with the letter **Z.**
ænd ends uidh dhe léter dsi.
y termina en la letra Z.

A is the first letter,
Ei is dhe fœrst léter,
A es la primera letra,

B the second,
Bi dhe sécœnd,
B la segunda,

C is the third,
Si is dhe zœrd,
C es la tercera,

D is the fourth,
Di is dhe forz,
D es la cuarta,

E is the fifth,
I is dhe fifz,
E es la quinta,

F the sixth,
Ef dhe sixz,
F la sexta,

G the seventh,
Yi dhe sévenz,
G la séptima,

H the eighth,
Éich dhe éitz,
H la octava,

I the ninth.
Ái dhe náinz.
I la novena.

J the tenth, etc.
Yéi dhe tenz, etc.
J la décima, etc.

Z is the last letter.
Dsi is dhe læst léter.
Z es la última letra.

58

How many letters are there in the English alphabet?
Jáu méni léters ar dhéer in dhi Ínglish álfabet?
¿Cuántas letras hay en el alfabeto inglés?

In the English alphabet there are twenty-six letters;
In dhi Ínglish álfabet dhéer ar tuénti-six léters;
En el alfabeto inglés hay veinte y seis letras;

5 vowels and 21 consonants.
5 váuls ænd 21 cónsonants.
5 vocales y 21 consonantes.

 **UN CONSEJO** útil: Ponga especial cuidado en la pronuncia-
cion de la "s" en las palabras como "Spanish," "speak," etc.
Practique el decir "speak" como si fuera una sola sílaba.
Es la tendencia de pronunciar "s" como "es" que siempre
delata al latino al hablar inglés.

What letter is D, the third or the fourth?   **It is the fourth.**
Juát léter is Di, dhe zœrd or dhe forz?   *Itt is dhe forz.*
¿Qué letra es la D, la tercera o la cuarta?   Es la cuarta.

With what letter does the English alphabet begin?   **With the letter A.**
Uídh juát léter dœs dhi Ínglish álfabet biguín?   *Uídh dhe léter Éi.*
¿Con qué letra empieza el alfabeto inglés?   Con la letra A.

With what letter does it end?   **With the letter Z.**
Uídh juát léter dœs itt end?   *Uídh dhe léter Dsi.*
¿En qué letra termina?   En la letra Z.

On what page does the first lesson of this book end?
On juát péish dœs dhe fœrst léson of dhis buc end?
¿En qué página termina la primera lección de este libro?

The first lesson of this book ends on page 3.
Dhe fœrst léson of dhis buc ends on péish 3.
La primera lección de este libro termina en la página 3.

What page is this?   **This is page 59.**
Juát péish is dhis?   *Dhis is péish 59.*
¿Qué página es ésta?   Ésta es la página 59.

On what page does the third lesson begin?
On juát péish dœs dhe zœrd léson biguín?
¿En qué página empieza la tercera lección?

The third lesson begins on page 7.
Dhe zœrd léson biguíns on páish 7.
La tercera lección empieza en la página 7.

The letter A is before the letter B.
Dhe léter Éi is bifór dhe léter Bi.
La letra A está antes de la letra B.

The letter C is after the letter B.
Dhe léter Si is áfter dhe léter Bi.
La letra C está después de la letra B.

The letter H is between the letter G and the letter I.
Dhe léter Éich is bituín dhe léter Yi œnd dhe léter Ái.
La letra H está entre la letra G y la letra I.

Where is the letter H, before or after the letter G?
Juéer is dhe léter Éich, bifór or áfter dhe léter Yi?
¿Dónde está la letra H, antes o después de la letra G?

Which letter is before the letter Z?
Juích léter is bifór dhe léter Dsi?
¿Qué letra está antes de la letra Z?

Which letter is after the letter G?
Juích léter is áfter dhe léter Yi?
¿Qué letra está después de la letra G?

Which letter is between M and O?
Juích léter is bituín Em œnd Ou?
Qué letra está entre la M y la O?

I ask a question: "Who is this gentleman?".
Ái ask e cuéstiœn: "Ju is dhis yéntlmœn?".
Yo hago una pregunta: "¿Quién es este caballero?".

Answer the question, madam.
Ánsœr dhe cuéstiœn, mádam.
Conteste la pregunta, señora.

"It is Mr. Chamorro."
"Itt is Míster Chamorro."
"Es el Sr. Chamorro."

What are you doing?
Juát ar iú dúing?
¿Qué hace usted?

I am answering a question.
Ái œm ánsering e cuéstiœn.
Yo contesto una pregunta.

Ask Mr. Madison a question.
Ask Mr. Mádison e cuéstiœn.
Haga una pregunta al Sr. Madison.

Who asks the question?
Ju asks dhe cuéstiœn.
¿Quién hace la pregunta?

I ask the question.
Ái ask dhe cuéstiœn.
Yo hago la pregunta.

Sir, answer the lady's question.
Sœr, ánsœr dhe léidis cuéstiœn.
Señor, conteste la pregunta de la señora.

At the end of a question we put a question mark (?).
Æt dhi end of e cuéstiœn ui put e cuéstiœn mark (?).
Al fin de una pregunta se pone un signo de interrogación (?).

At the end of an answer or a sentence, we put a period (.).
Æt dhi end of an ánsœr or e séntens ui put e píriœd (.).
Al fin de una respuesta o una frase se pone un punto final (.).

Here is the comma (,).
Jíœr is dhe coma (,).
He aquí la coma (,).

Here is the exclamation point (!).
Jíœr is dhi exclaméshœn póint (!).
He aquí el signo de admiración (!).

This is the hyphen (-).
Dhis is dhi jáifen (-).
Éste es el guión (-).

Here is the apostrophe (').
Jíœr is dhi apóstrofi (').
He aquí el apóstrofe (').

NO SE OLVIDE: Los signos de interrogación y de admiración sólo se escriben al final de la frase.

PENSANDO EN INGLÉS
(Búsquense las contestaciones en la página 227)

1. Who writes on the blackboard?
2. Is Mrs. Wiggs writing?
3. What newspaper is she reading?
4. What is Peggy reading?
5. What word does the teacher write on the blackboard?
6. Does the teacher write with a pencil or with a chalk?
7. Does the teacher write the alphabet?
8. Does Mrs. Wiggs read an American newspaper?
9. Does the teacher speak English?
10. Does Peggy's dog, Rover, speak English?
11. Do you read English?
12. Do you speak Spanish?
13. Does Mr. Berlitz speak French?
14. Does Peggy speak Spanish?
15. Is Peggy sitting or standing?
16. How many letters are there in the English alphabet?
17. How many letters are there in the Spanish alphabet?
18. How many vowels are there in the English alphabet?

LESSON 13

What have we?

Juát jæv ui?

¿Qué tenemos nosotros?

Take a book, Mr. White.
Téic e buc, Mr. Juáit.
Tome un iibro, Sr. White.

You have a book in your hand.
Iú jæv e buc in iúr jænd.
Ud. tiene un libro en la mano.

I have two books in my hand.
Ái jæv tu bucs in may jænd.
Yo tengo dos libros en la mano.

Miss Kane has a hat on her head.
Mis Kéin jas e jæt on jer jed.
La Srita. Kane tiene un sombrero en la cabeza.

The gentleman hasn't his hat on his head.
Dhe yéntlmæn jásnt jis jæt on jis jed.
El caballero no tiene su sombrero en la cabeza.

NOTA para la formación del negativo: Para formar el
negativo de todos los verbos se emplea el auxiliar "do"
seguido de la negación "not". Ejemplos: "I do not go"—*Yo
no voy*, "I do not take"—*Yo no tomo*, "He does not go"—*Él
no va*, "He does not take"—*Él no toma*. Se exceptúan
aquellos verbos que al mismo tiempo sirven de auxiliares como "have"
(*tener*), "be" (*ser*), "can" (*poder*), etc.

You have gloves.	I have no gloves.	You have a blue dress.
Iú jæv glœvs.	*Ái jæv no glœvs.*	*Iú jæv e blu dres.*
Ud. tiene guantes.	Yo no tengo guantes.	Ud. tiene un vestido azul.

You have blue eyes.	I have brown eyes.
Iú jæv blu áys.	*Ái jæv bráon áys.*
Ud. tiene ojos azules.	Yo tengo ojos pardos.

You have a book and I have a book.
Iú jæv e buc ænd Ái jæv e buc.
Ud. tiene un libro y yo tengo un libro.

We have books.	We have pens.
Uí jæv bucs.	*Uí jæv pens.*
Nosotros tenemos libros.	Nosotros tenemos plumas.

We have no pens.
Uí jæv no pens.
Nosotros no tenemos plumas.

The pupils have books.	The pupils have no notebooks.
Dhe piúpils jæv bucs.	*Dhe piúpils jæv no nótbucs.*
Los alumnos tienen libros.	Los alumnos no tienen cuadernos.

Gentlemen have short hair.
Yéntlmen jæv short jéer.
Los caballeros tienen cabello corto.

Ladies have long hair.
Léidis jæv long jéer.
Las señoras tienen cabello largo.

Has the young lady hair on her head?
Jas dhi iæng léidi jéer on jer jed?
¿Tiene la señorita cabello en la cabeza?

Have you a hat on your head?
Jæv iú a jæt on iúr jed?
¿Tiene Ud. un sombrero en la cabeza?

No, I have no hat on my head.
No, Ái jæv no jæt on may jed.
No, yo no tengo sombrero en la cabeza.

Has the lady a blue dress?
Jas dhe léidi e blu dres?
¿Tiene la señora un vestido azul?

No, the lady's dress is white.
No, dhe léidis dres is juáit.
No, el vestido de la señora es blanco.

Have you dark eyes?
Jæv iú darc ays?
¿Tiene Ud. ojos oscuros?

No, I have blue eyes.
No, Ái jæv blu ays.
No, yo tengo ojos azules.

What have you in your hand?
Juát jæv iú in iúr jænd?
¿Qué tiene Ud. en la mano?

A book, sir.
E buc, sœr.
Un libro, señor.

ATENCIÓN: Los adjetivos posesivos son: "my" *mi*, "your" *su (de Ud.)*, "his" *su (de él)*, "her" *su (de ella)* "its" *su (para animales o cosas)*, "our" *nuestro, nuestra*, "your" *su (de Uds.)*, "their" *su (de ellos)*. Los adjetivos posesivos en inglés, concuerdan con el poseedor y no con la cosa poseída y son los mismos para el singular y el plural.

Have we gloves?
Jæv ui glœvs?
¿Tenemos nosotros guantes?

I have, but you have not.
Ái jæv, bæt iú jæv not.
Yo tengo, pero Ud. no tiene.

Have we shoes?
Jæv ui shus?
¿Tenemos nosotros zapatos?

Certainly.
Sértenli.
Ciertamente.

Have the gentlemen short hair?
Jæv dhe yéntlmen short jéer?
¿Tienen los caballeros cabello corto?

Naturally.
Næchœrli.
Naturalmente.

Have the ladies long hair?
Jæv dhe léidis long jéer?
¿Tienen las señoras cabello largo?

Yes, they have long hair.
Iés, dhey jæv long jéer.
Sí, tienen cabello largo.

You have two pens.
Iú jæv tu pens.
Ud. tiene dos plumas.

I have five pens.
Ái jæv fáiv pens.
Yo tengo cinco plumas.

The pupils haven't their books.
Dhe piúpils jævnt dher bucs.
Los alumnos no tienen sus libros.

How many pens have you?
Jáu méni pens jæv iú?
¿Cuántas plumas tiene Ud.?

I have two pens.
Ái jæv tu pens.
Yo tengo dos plumas.

How many fingers have we?
Jáu méni fínguers jæv ui?
¿Cuántos dedos tenemos nosotros?

We have ten fingers.
Uí jæv ten fínguers.
Nosotros tenemos diez dedos.

How many hands have we?
Jáu méni jænds jæv ui?
¿Cuántas manos tenemos nosotros?

We have two hands.
Uí jæv tu jænds.
Nosotros tenemos dos manos.

Is this Mr. O'Donnell's tie?
Is dhis Mr. O'Dónels tái?
¿Es ésta la corbata del Sr. O'Donnell?

No sir, it is not his tie; it is his handkerchief.
No sœr, itt is not jis tái; itt is jis jændquerchif.
No, señor, no es su corbata; es su pañuelo.

Is this Mrs. Frank's hat?
Is dhis Mrs. Francs jæt?
¿Es éste el sombrero de la Sra. Frank?

Yes, sir, it is her hat.
Iés, sœr, it is jœr jæt.
Sí, señor, es su sombrero.

Is this Miss Norris' handkerchief?
Is dhis Miss Norris jændquerchif?
¿Es éste el pañuelo de la Srita. Norris?

No, sir, it is not her handkerchief.
No, sœr, it is not jer jændquerchif.
No, señor, no es su pañuelo.

Is your dress red?
Is iúr dres red?
¿Es rojo su vestido?

No sir, my dress is gray.
No sœr, may dres is grey.
No señor, mi vestido es gris.

Who is our teacher?
Ju is áur ticher?
¿Quién es nuestro profesor?

It is Mr. Berlitz.
Itt is Mr. Berlitz.
Es el Sr. Berlitz.

Take a book.
Téic e buc.
Tome un libro.

You take a book.
Iú téic e buc.
Ud. toma un libro.

I take a book.
Ái téic e buc.
Yo tomo un libro.

We take a book.
Uí téic e buc.
Nosotros tomamos un libro.

NO SE OLVIDE: La terminación de los verbos en inglés es invariable en todas las personas excepto la tercera persona del singular que termina en "s" o "es", y solamente en el presente de indicativo.

What does Mr. Sander do?   **Mr. Sander takes his hat.**
Juát dœs Mr. Sánder du?   *Mr. Sánder téics jis jæt.*
¿Qué hace el Sr. Sander?   El Sr. Sander toma su sombrero.

What do the students do?   **The students take their hats.**
Juát du dhe stúdents du?   *Dhe stúdents téic dher jæts.*
¿Qué hacen los alumnos?   Los alumnos toman sus sombreros.

                            I put my book on the table.
                            Ái put may buc on dhe téibl.
                            Yo pongo mi libro en la mesa.

What do I do?   **You put your book on the table.**
Juát du Ái du?   *Iú put iúr buc on dhe téibl.*
¿Qué hago yo?   Ud. pone su libro encima de la mesa.

What do you do?   **I put my book on the table.**
Juát du iú du?   *Ái put may buc on dhe téibl.*
¿Qué hace Ud.?   Yo pongo mi libro encima de la mesa.

                            We put our books on the table.
                            Uí put áur bucs on dhe téibl.
                            Nosotros ponemos nuestros libros encima de la mesa.

Open your book. **What do you do?**   **I open my book.**
Ópen iúr buc.   *Juát du iú du?*   *Ái ópen may buc.*
Abra Ud. su libro.   ¿Qué hace Ud.?   Yo abro mi libro.

What do we do?   **We open our books.**
Juát du uí du?   *Uí ópen áur bucs.*
¿Qué hacemos nosotros?   Nosotros abrimos nuestros libros.

                            The students open their books.
                            Dhe stiúdents ópen dher bucs.
                            Los alumnos abren sus libros.

What do they do?   **They open their books.**
Juát du dhey du?   *Dhey ópen dher bucs.*
¿Qué hacen ellos?   Ellos abren sus libros.

We close the window.   **What do we do?**
Uí clóus dhe uíndou.   *Juát du uí du?*
Nosotros cerramos la ventana.   ¿Qué hacemos nosotros˙

Do you write on the paper?   Yes, I write on the paper.
Du iú ráit on dhe péiper?   *Iés, Ái ráit on dhe péiper.*
¿Escribe Ud. en el papel?   Sí, yo escribo en el papel.

Do I write on the blackboard?
Du Ái ráit on dhe bláckbord?
¿Escribo yo en la pizarra?

Yes, sir, you write on the blackboard.
Iés, sœr, iú ráit on dhe bláckbord.
Sí, señor, Ud. escribe en la pizarra.

One gentleman writes,   two gentlemen write.
Uœn yéntlmœn ráits,   *tu yéntlmen ráit.*
Un caballero escribe,   dos caballeros escriben.

Where do the students write?   They write on the paper.
Juéer du dhe stiúdents ráit?   *Dhey ráit on dhe péiper.*
¿Dónde escriben los alumnos?   Ellos escriben en el papel.

I read a book.   You read the words on the blackboard.
Ái rid e buc.   *Iú rid dhe uœrds on dhe bláckbord.*
Yo leo un libro.   Ud. lee las palabras en la pizarra.

One gentleman reads,   two gentlemen read.
Uœn yéntlmœn rids,   *tu yéntlmen rid.*
Un caballero lee,   dos caballeros leen.

What does the teacher read?   He reads the magazine.
Juát dœs dhe tícher rid?   *Ji rids dhe mágœsin.*
¿Qué lee el profesor?   El lee la revista.

What do the students do?   They read the newspaper.
Juát du dhe stiúdents du?   *Dhey rid dhe niúspéiper.*
¿Qué hacen los alumnos?   Ellos leen el periódico.

I go to the theatre.   You go to the theatre.
Ái góu tu dhe zíater.   *Iú góu tu dhe zíater.*
Yo voy al teatro.   Ud. va al teatro.

We go to the theatre.   Mr. Simpson goes to the theatre.
Uí góu tu dhe zíater.   *Mr. Simpson góus tu dhe zíater.*
Nosotros vamos al teatro.   El Sr. Simpson va al teatro.

Helen and Charles go to church.
Jélen œnd Charls góu tu chœrch.
Elena y Carlos van a la iglesia.

CUIDADO: Fíjese bien en la omisión del artículo "the" al construir frases como *ir a la iglesia, ir a la casa*, etc. En estos casos, se suprime el artículo y se dice: "I go to church" —*Yo voy a la iglesia*, "I go to school".—*Yo voy a la escuela*, "I go home".—*Yo voy a mi casa*, etc. El dominio de estos detalles es el que da a conocer el dominio que tiene un extranjero de la lengua.

Do you go to the theatre?
Du iú góu tu dhe ziater?
¿Va Ud. al teatro?

No, I do not go to the theatre, but to the movies.
No, Ái du not góu tu dhe ziater bœt tu dhe múvis.
No, yo no voy al teatro, sino al cine.

Where does Mr. Simpson go?
Juéer dœs Mr. Simpson góu?
¿Adónde va el Sr. Simpson?

He goes to the theatre.
Ji góus tu dhe ziater.
Él va al teatro.

Where do Helen and Charles go?
Juéer du Jélen œnd Charles góu?
¿Adónde van Elena y Carlos?

They go to church.
Dhey góu tu chœrch.
Ellos van a la iglesia.

Does Mrs. Madison go to the store?
Dœs Mrs. Mádison góu tu dhe stór?
¿Va la Sra. Madison a la tienda?

Yes, she goes to the store.
Iés, shi góus tu dhe stór.
Sí, ella va a la tienda.

Does Mr. Robinson go to the bank?
Dœs Mr. Róbinson góu tu dhe bœnk?
¿Va el Sr. Robinson al banco?

No, he doesn't go to the bank, but to the restaurant.
No, ji dœsnt góu tu dhe bœnk, bœt tu dhe réstorant.
No, él no va al banco, sino al restaurante.

We come here.
Uí com jíœr.
Nosotros venimos aquí.

The teacher comes to the Berlitz School.
Dhe ticher coms tu dhe Berlitz Scul.
El profesor viene a la Escuela Berlitz.

Who comes here?
Ju coms jíœr?
¿Quién viene aquí?

We come here.
Uí com jíœr.
Nosotros venimos aquí.

Mr. Berlitz and the students come to class.
Mr. Berlitz œnd dhe stiúdents com tu clœs.
El Sr. Berlitz y los alumnos vienen a la clase.

PENSANDO EN INGLÉS
(Búsquense las contestaciones en la página 227)

1. Do the students go to the Berlitz School?
2. Are the students' hats on their heads?
3. Do we go to the movies?
4. Where do we put our gloves?
5. Do the students open their book in class?
6. Do we close the door after the lesson?
7. Do we open the window?
8. Does the teacher write on the blackboard?
9. Do we write English words?
10. Do we put our books on the table, after the lesson?
11. Do the students come to school?
12. Do the students read their books?
13. Do we read the newspaper in class?
14. Where do we put the pencils?
15. Do you write your exercises after the lesson?

LESSON 14

Who has more money?

Ju jas móor máni?

¿Quién tiene más dinero?

The teacher has 200 dollars.
Dhe ticher jas 200 dólars.
El profesor tiene 200 dólares.

Mr. Frank has 4 dollars.
Mr. Frank jas 4 dólars.
El Sr. Frank tiene 4 dólares.

The teacher has more money than Mr. Frank.
Dhe ticher jas móor máni dhan Mr. Frank.
El profesor tiene más dinero que el Sr. Frank.

Mr. Frank has less money than the teacher.
Mr. Frank jas les máni dhan dhe ticher.
El Sr. Frank tiene menos dinero que el profesor.

How much money has the teacher?
Jáu mæch máni jas dhe ticher?
¿Cuánto dinero tiene el profesor?

How much money has Mr. Frank?
Jáu mæch máni jas Mr. Frank?
¿Cuánto dinero tiene el Sr. Frank?

Who has more money, the teacher or Mr. Frank?
Ju jas móor mǽni, dhe tícher or Mr. Frank?
¿Quién tiene más dinero, el profesor o el Sr. Frank?

I have four gloves.
Ái jæv fóor glǽvs.
Yo tengo cuatro guantes.

You have two gloves.
Iú jæv tu glǽvs.
Ud. tiene dos guantes.

Have I more gloves than you?
Jæv Ái móor glǽvs dhan iú?
¿Tengo yo más guantes que Ud.?

Yes, you have more gloves than I.
Iés, iú jæv móor glǽvs dhan Ái.
Sí, Ud. tiene más guantes que yo.

Have you fewer gloves than I?
Jæv iú fiúer glǽvs dhan Ái?
¿Tiene Ud. menos guantes que yo?

Yes, I have fewer gloves than you.
Iés, Ái Jæv fiúer glǽvs dhan iú.
Sí, yo tengo menos guantes que Ud.

ATENCIÓN: En inglés hay dos palabras que significan *menos* pero cuyo uso es diferente: "fewer" y "less"; "fewer" se emplea para cosas que se pueden contar, Ej. "I have fewer neckties than Adolphe Menjou."—*Yo tengo menos corbatas que Adolfo Menjou.* "Less" se emplea para cosas materiales o abstractas que se miden, Ej.: "I have less wine than you"— *Yo tengo menos vino que usted.*

You have a hundred dollars.
Iú jæv e jǽndred dólars.
Ud. tiene cien dólares.

I have fifty dollars.
Ái jæv fífti dólars.
Yo tengo cincuenta dólares.

How much money have you?
Jáu mæch mǽni jaev iú?
¿Cuánto dinero tiene Ud.?

I have a hundred dollars.
Ái jæv e jǽndred dólars.
Yo tengo cien dólares.

How much money have I?
Jáu mæch mǽni jæv Ái?
¿Cuánto dinero tengo yo?

You have fifty dollars.
Iú jæv fífti dólars.
Ud. tiene cincuenta dólares.

Have you more money than I?
Jæv iú móor mǽni dhan Ái?
¿Tiene Ud. más dinero que yo?

Yes, I have more money than you.
Iés, Ái jæv móor mǽni dhan iú.
Sí, yo tengo más dinero que Ud.

Have I more money than you?
Jæv Ái móor mǽni dhan iú?
¿Tengo yo más dinero que Ud.?

No, you have less money than I.
No, iú jæv les mǽni dhan Ái.
No, Ud. tiene menos dinero que yo.

Who has more money, you or I?
Ju jas móor mǽni iú or Ái?
¿Quién tiene más dinero, Ud. o yo?

I have more money than you.
Ái Jæv móoɪ mǽni dhan iú.
Yo tengo más dinero que Ud.

The big book has 300 pages.
Dhe big buc jas zri jǽndred péishes.
El libro grande tiene 300 páginas.

The small book has 50 pages.
Dhe smóol buc jas 50 péishes.
El libro pequeño tiene 50 páginas

Which book has more pages?
Juích buc has móor péishes?
¿Qué libro tiene más páginas?

The big book has more pages.
Dhe big buc jas móor péishes.
El libro grande tiene más páginas.

I have twenty dollars.
Ái jæv tuénti dólars.
Yo tengo veinte dólares.

You have thirty dollars.
Iú jæv zǽrti dólars.
Ud. tiene treinta dólares.

Mr. Robinson has twenty dollars.
Mr. Róbinson jas tuénti dólars.
El Sr. Robinson tiene veinte dólares.

I have less money than you,
Ái jæv les mǽni dhan iú.
Yo tengo menos dinero que Ud.,

but I have as much money as Mr. Robinson.
bœt Ái jæv as mœch mǽni as Mr. Róbinson.
pero yo tengo tanto dinero como el Sr. Robinson.

Have I as much money as you?
Jæv Ái as mœch mǽni as iú?
¿Tengo yo tanto dinero como Ud.?

No, you have not so much money as I.
No, iú jæv not so mœch mǽni as Ái.
No, Ud. no tiene tanto dinero como yo.

Have you more money than I?
Jæv iú móor mǽni dhan Ái?
¿Tiene Ud. más dinero que yo?

Yes, I have more money than you.
Iés, Ái jæv móor mǽni dhan iú.
Sí, yo tengo más dinero que Ud.

OJO: "Not so much as" (*no tanto como*) se emplea para el singular y para cosas abstractas o que no se pueden contar. Ej.: "I have not so much land as Mr. Rockefeller"—*Yo no tengo tanta tierra como el Sr. Rockefeller;* "not so many as" (*no tantos como*) se usa al referirse a cosas en plural, o cosas que se pueden contar, Ej.: "I have not so many neckties as Adolphe Menjou"—*Yo no tengo tantas corbatas como Adolfo Menjou.*

Have I as much money as Mr. Robinson?
Jæv Ái as mœch mǽni as Mr. Róbinson?
¿Tengo yo tanto dinero como el Sr. Robinson?

Yes, you have as much money as Mr. Robinson.
Iés, iú jœv as mœch mœni as Mr. Róbinson.
Sí, Ud. tiene tanto dinero como el Sr. Robinson.

Are there many students in this class?
Ar dhéer méni stiúdents in dhis clas?
¿Hay muchos alumnos en esta clase?

No, in this class there are not many students.
No, in dhis clas dhéer ar not méni stiúdents.
No, en esta clase no hay muchos alumnos.

Have you much money in your pocket?
Jœv iú mœch mœni in iúr pócket?
¿Tiene Ud. mucho dinero en su bolsillo?

Has Mr. Berlitz much hair?
Jas Mr. Berlitz mœch jéer?
¿Tiene el Sr. Berlitz mucho cabello?

ATENCIÓN: Para decir *¿cuánto?* se usan dos expresiones diferentes: "how much?" y "how many?" "How much" se usa para referirse a cosas abstractas o que no se pueden contar. Ej.: "How much oil has Mr. Rockefeller?"—*Cuánto petróleo tiene el Sr. Rockefeller?*; "how many" se usa para referirse a artículos que pueden contarse. Ej.: "How many horses has Bing Crosby?"—*¿Cuántos caballos tiene Bing Crosby?*

PENSANDO EN INGLÉS
(Búsquense las contestaciones en la página 227)

1. How much money has Peggy?
2. Has she as much money as the teacher?
3. Who has more money, the teacher or Mrs. Wiggs?
4. Has the teacher pencils behind his ears?
5. Has he more pencils than Peggy?
6. Has Peggy less money than the teacher?
7. Who has more books, the teacher or Mrs. Wiggs?
8. Who has less money, Mrs. Wiggs or Peggy?
9. Has Peggy much money?
10. Has the teacher many books?
11. Do you read many English books?
12. Are there many pages in this book?
13. Has "The New York Times" as many pages as this book?
14. Who has more books, you or the teacher?

LESSON 15

The objects in the room
Dhi óbyects in dhe rum
Los objetos en el cuarto

There is a box of matches on the table.
Dhéer is e box of mátches on dhe téibl.
Hay una caja de fósforos encima de la mesa.

Are there over 5 matches in the box?
Ar dhéer óver 5 mátches in dhe box?
¿Hay más de 5 fósforos en la caja?

Yes, there are nearly 20.
Iés, dhéer ar nírli 20.
Sí, hay casi 20.

NOTA para el alumno: En la pregunta anterior usamos la palabra "over" para expresar *más de;* además de éste, tiene otro significado—*sobre,* Ej.: "The airplane is flying over the airport"—*El avión está volando sobre el aeropuerto.*

How many matches does the teacher take?
Jáu méni mátches dœs dhe tícher téic?
¿Cuántos fósforos toma el profesor?

He only takes a few.
Ji ónli téics e fiú.
Él solamente toma pocos.

Does the teacher take the matches all together?
Dœs dhe tícher téic dhe mátches óol tuguédher?
¿Toma el profesor los fósforos todos juntos?

76

No, he takes them one by one.
No, ji téics dhem uœn bay uœn.
No, él los toma uno por uno.

Are there fewer pages in the book than matches in the box?
Ar dhéer fiúer péishes in dhe buc dhœn mátches in dhe box?
¿Hay menos páginas en el libro que fósforos en la caja?

No, there are more pages in the book than matches in the box.
No, dhéer ar móor péishes in dhe buc dhœn mátches in dhe box.
No, hay más páginas en el libro que fósforos en la caja.

Has the teacher books in his hands?
Jas dhe tícher bucs in jis jœnds?
¿Tiene el profesor libros en las manos?

No, he has a match in one hand and a pipe in the other.
No, ji jas e mátch in uœn jœnd œnd e páip in dhe ódher.
No, él tiene un fósforo en una mano y una pipa en la otra.

Where are his feet?   Both are on the footstool.
Juéer ar jis fit?   *Bóuz ar on dhe fútstul.*
¿Dónde están sus pies?   Ambos están en el banquillo para los pies.

UNA PALABRA ÚTIL: "Ambos" se expresa por "both",
cuando son personas u objetos. Ej.: "Are they both going to
the movies?" "Yes, both are going".— "¿Van ambos al cine?—
Sí, ambos van."

What color are these chairs?   One is brown and the other is black.
Juát cólor ar dhíis chéers?   *Uœn is bráon œnd dhi ódher is blœck.*
¿De qué color son estas sillas?   Una es parda y la otra es negra.

Are the two chairs of the same color?   No, they are of different colors.
Ar dhe tu chéers of dhe séim cólor?   *No, dhey ar of díferent cólors.*
¿Son las dos sillas del mismo color?   No, son de diferentes colores.

What difference is there between these two chairs?
Juát díferens is dhéer bituín dhíis tu chéers?
¿Qué diferencia hay entre estas dos sillas?

One is brown and the other is black.
Uœn is bráon œnd dhi ódher is blœck.
Una es parda y la otra c. negra.

Are these books of the same color?   Yes, these books are of the same color.
Ar dhíis bucs of dhe séim cólor?   *Iés, dhíis bucs ar of dhe séim cólor.*
¿Son estos libros del mismo color?   Sí, estos libros son del mismo color.

Have you as many books as I?   No, I have not so many books as you.
Jœv iú as méni bucs as Ái?   *No, Ái jœv not so méni bucs as iú.*
¿Tiene Ud. tantos libros como yo?   No, yo no tengo tantos libros como Ud.

PENSANDO EN INGLÉS
(Búsquense las contestaciones en la página 228)

1. Are there some hats on the chair?
2. What is there in the teacher's pocket?
3. What color is the teacher's handkerchief?
4. Are there many tables in the room?
5. Where are the teacher's hands?
6. What color are the teacher's shoes?
7. Is his coat of the same color as his shoes?
8. Are all the hats of the same color?
9. Where is the package of cigarettes?
10. How many cigarettes do you count?
11. Are there as many hats on the chair as people in the room?
12. Where is the teacher?
13. Has the teacher a hat on his head?
14. How much does a hat cost?
15. What is in the box?

LESSON 16

What is there on the table?
Juát is dhéer on dhe téibl?
¿Qué hay encima de la mesa?

On the table there are some books, some paper and a box.
On dhe téibl dhéer ar sœm bucs, sœm péiper ænd e box.
Encima de la mesa hay algunos libros, algunos papeles y una caja.

      In my pocket there is a handkerchief.
      In may pócket dhéer is e jǽndquerchif.
      En mi bolsillo hay un pañuelo.

In the box there are some pens.   **What is there on the table?**
In dhe box dhéer ar sœm pens.   *Juát is dhéer on dhe téibl?*
En la caja hay algunas plumas.   ¿Qué hay encima de la mesa?

      On the table there are some pencils and some books.
      On dhe téibl dhéer ar sœm pénsils ænd sœm bucs.
      Encima de la mesa hay varios lápices y varios libros.

What is in my pocket?   **In your pocket there is a handkerchief.**
Juát is in may pócket?   *In iúr pócket dhéer is e jǽndquerchif.*
¿Qué hay en mi bolsillo?   En su bolsillo hay un pañuelo.

And in the box?
Ænd in dhe box?
Y ¿en la caja?

There are some pens.
Dhéer ar sœm pens.
Hay algunas plumas.

In my right hand there is a pencil.
In may ráit jænd dhéer is e pénsil.
En mi mano derecha hay un lápiz.

In my left hand there is nothing.
In may left jænd dhéer is nózing.
En mi mano izquierda no hay nada.

ATENCIÓN: Mucho cuidado al usar los negativos "nothing" y "nobody" pues ambos por ser en sí mismos negativos, no necesitan de otro negativo, Ej.: "There is nothing". —*No hay nada;* "There is nobody".—*No hay nadie.*

What is there in my left hand?
Juát is dhéer in may left jænd?
¿Qué hay en mi mano izquierda?

There is nothing.
Dhéer is nózing.
No hay nada.

What is there in my right hand?
Juát is dhéer in may ráit jænd?
¿Qué hay en mi mano derecha?

There is a pencil.
Dhéer is e pénsil.
Hay un lápiz.

What is in the small box?
Juát is in dhe smóol box?
¿Qué hay en la caja pequeña?

There are some pens.
Dhéer ar sœm pens.
Hay algunas plumas.

And what is in the big box?
Ænd juát is in dhe big box?
Y ¿qué hay en la caja grande?

There is nothing.
Dhéer is nózing.
No hay nada.

NOTA: *Hay* equivale a "there is" y "there are", pero el primero se usa para el singular y el segundo para el plural. Ej.: "There is one auto in the garage".—*Hay un auto en el garage;* "There are many tourists at the hotel".—*Hay muchos turistas en el hotel.*

There is nothing on the chair.
Dhéer is nózing on dhe chéer.
No hay nada encima de la silla.

There is something on the table.
Dhéer is sœmzing on dhe téibl.
Hay algo encima de la mesa.

Is there something in my right hand?
Is dhéer sœmzing in may ráit jænd?
¿Hay algo en mi mano derecha?

There is nothing in my left hand.
Dhéer is nózing in may left jænd.
No hay nada en mi mano izquierda.

Is there anything on the table?
Is dhéer énizing on dhe téibl?
¿Hay algo encima de la mesa?

Yes, there is something on the table.
Iés, dhéer is sómzing on dhe téibl.
Sí, hay algo encima de la mesa.

Is there something on the chair?
Is dhéer sómzing on dhe chéer?
¿Hay algo encima de la silla?

No, there is nothing.
No, dhéer is nózing.
No, no hay nada.

Who is in front of this table?
Ju is in frœnt of dhis téibl?
¿Quién está delante de esta mesa?

It is Miss Grant.
Itt is Miss Grœnt.
Es la Srita. Grant.

Who is in front of the window?
Ju is in frœnt of dhi uindou?
¿Quién está delante de la ventana?

No one.
No uœn.
Nadie.

There is no one on the yellow chair,
Dhéer is no uœn on dhe iélo chéer,
No hay nadie en la silla amarilla,

but there is someone on the brown chair.
bœt dhéer is sœmuœn on the brάon chéer.
pero hay alguien en la silla parda.

There is someone in back of the table.
Dhéer is sœmuœn in bœc of dhe téibl.
Hay alguien detrás de la mesa.

There is no one in front of the table.
Dhéer is no uœn in frœnt of dhe téibl.
No hay nadie delante de la mesa.

Is there anyone in back of the table?
Is dhéer éniuœn in bœc of dhe téibl?
¿Hay alguien detrás de la mesa?

Yes, there is someone.
Iés, dhéer is sœmuœn.
Sí, hay alguien.

You are in front of the window.
Iú ar in frœnt of dhi uindou.
Ud. está delante de la ventana.

What are you in front of?
Juát ar iú in frœnt of?
¿Delante de qué está Ud.?

NOTA sobre "alguien" y "algo": *Alguien* se traduce igualmente por "somebody" y "someone", "anybody" y "anyone"; *algo* se traduce por "something" y "anything". "Somebody" y "someone" se emplean para la formación del afirmativo. Ej.: "There is somebody here".—*Hay alguien aquí,* "There is someone here".—*Hay alguien aquí.* "Anybody" y "anyone" se emplean para la formación del interrogativo y del negativo. Ej.: "Is

there anybody here?"—¿Hay alguien aquí?, "Is there anyone here?"—¿Hay
alguien aquí?; "No, there is nobody here".—No, no hay nadie aquí, "Is
there anyone here?"—¿Hay alguien aquí?. "Something" se emplea para la
formación del afirmativo. Ej.: "There is something here".—Hay algo aquí.
"Anything" se usa para la formación del interrogativo y del negativo. Ej.:
"Is there anything here?"—¿Hay algo aquí?, "No, there is nothing here".—
No, no hay nada aquí.

I am in front of the window.	You are beside Mr. May.
Ái æm in frœnt of dhi uíndou.	*Iú ar bisáid Mr. Mey.*
Yo estoy delante de la ventana.	Ud. está al lado del Sr. May.
Beside whom are you?	I am beside Mr. Phillip.
Bisáid jum ar iú?	*Ái æm bisáid Mr. Fílip.*
¿Al lado de quién está Ud.?	Yo estoy al lado del Sr. Filip.
Beside what are you?	I am beside the table.
Bisáid juát ar iú?	*Ái æm bisáid dhe téibl.*
¿Al lado de qué está Ud.?	Yo estoy al lado de la mesa.
Who is on Mr. Madison's right?	I am, sir.
Ju is on Mr. Mádisons ráit?	*Ái æm, sœr.*
¿Quién está a la derecha del Sr. Madison?	Yo estoy, señor.

Who is on his left? No one.
Ju is on jis left? *No uœn.*
¿Quién está a su izquierda? Nadie.

PENSANDO EN INGLÉS
(Búsquense las contestaciones en la página 228)

1. Has the teacher a cigarette in his hand?
2. What is in Mrs. Wiggs' left hand?
3. Has Peggy anything in her right hand?
4. What is there in her left hand?
5. Is there anyone on the teacher's left?
6. Where is Peggy?
7. Is there a book in Mrs. Wiggs' right hand?
8. Who is sitting on the chair?
9. Is there anything on the table?
10. What is there in the teacher's left hand?
11. Who is on his right?
12. What is under the chair?
13. Is there anyone in front of Peggy?
14. Who is on her left?
15. Is there anyone behind the table?
16. Has the teacher a hat on his head?
17. What has the teacher on his head?

LESSON 17

Come in
Cœm in
Entre

I come into the room.
Ái cœm intu dhe rum.
Yo entro en el cuarto.

I take a chair.
Ái téic e chéer.
Yo tomo una silla.

I sit down.
Ái sitt dáun.
Yo me siento.

I get up.
Ái guet œp.
Yo me levanto.

I go out of the room.
Ái góu áut of dhe rum.
Yo salgo del cuarto.

Mr. Jones, go out of the room, please.
Mr. Yóns, góu áut of dhe rum, plíis.
Sr. Jones, salga Ud. del cuarto, por favor.

NOTA importante: Hay muchos verbos que aunque sean reflexivos en español no lo son en inglés. Sin embargo, su uso no es tan fácil como parece porque se forman agregandoles una preposición como "down, up, out, in, etc.", con la cual forman el verbo completo. Ej.: "I sit down".—*Yo me siento*, "I get up".—*Yo me levanto*.

84

You go out of the room.
Iú góu áut of dhe rum.
Ud. sale del cuarto.

Mr. Stuart, do you get up and go out of the room?
Mr. Stuart, du iú guet œp œnd góu áut of dhe rum?
Sr. Stuart, ¿se levanta Ud. y sale del cuarto?

Yes, I get up and go out of the room.
Iés, Ái guet œp œnd góu áut of dhe rum.
Sí, yo me levanto y salgo del cuarto.

Come in, please.	**What do you do?**	**I come into the room.**
Cœm in, pliis.	*Juát du iú du?*	*Ái cœm intu dhe rum.*
Entre, por favor.	¿Qué hace Ud.?	Yo entro en el cuarto.
Sit down.	**What do you do?**	**I sit down.**
Sitt dáun.	*Juát du iú du?*	*Ái sitt dáun.*
Siéntese.	¿Qué hace Ud.?	Yo me siento.
Get up, please.	**What do you do?**	**I get up.**
Guet œp, pliis.	*Juát du iú du?*	*Ái guet œp.*
Levántese, por favor.	¿Qué hace Ud.?	Yo me levanto.

I get up and go out of the room.   **What do I do?**
Ai guet œp œnd góu áut of dhe rum.   *Juát du Ái du?*
Yo me levanto y salgo del cuarto.   ¿Qué hago yo?

You get up and go out of the room.
Iú guet œp œnd góu áut of dhe rum.
Ud. se levanta y sale del cuarto.

You come in.	**You sit down.**
Iú cœm in.	*Iú sitt dáun.*
Ud. entra.	Ud. se sienta.

OJO: Nótese la construcción en la frase "I come into the room".—*Yo entro en el cuarto* y la forma abreviada "Come in".—*Entre.*

Do we come into the class before the lesson?
Du uí cœm íntu dhe clas bifór dhe léson?
¿Entramos nosotros en la clase antes de la lección?

Yes, we come into the class before the lesson.
Iés, uí cœm íntu dhe clas bifór dhe léson.
Sí, nosotros entramos en la clase antes de la lección.

Do we sit on the chairs?
Du uí sitt on dhe chéers?
¿Nos sentamos en las sillas?

Yes, we sit on the chairs.
Iés, uí sitt on dhe chéers.
Sí, nos sentamos en las sillas.

Do we go out of the classroom after the lesson?
Du uí góu áut of dhe clásrum áfter dhe léson?
¿Salimos de la clase después de la lección?

Yes, we go out of the classroom after the lesson.
Iés, uí góu áut of dhe clásrum áfter dhe léson.
Sí, nosotros salimos de la clase después de la lección.

Mr. Tyson and you come into the classroom and sit down.
Mr. Táison ænd iú cœm intu dhe clásrum ænd sitt dáun.
El Sr. Tyson y Ud. entran en la clase y se sientan.

Please, gentlemen, come in.
Pliis, yéntlmen, cœm in.
Por favor, caballeros, entren.

What do you do?
Juát du iú du?
¿Qué hacen ustedes?

We come into the class.
Uí cœm intu dhe clas.
Nosotros entramos en la clase.

Sit down in front of me.
Sitt dáun in frœnt of mi.
Siéntense delante de mí.

What do you do?
Juát du iú du?
¿Qué hacen Uds.?

We come in and sit down in front of you.
Uí cœm in ænd sitt dáun in frœnt of iú.
Nosotros entramos y nos sentamos delante de Ud.

Get up, gentlemen.
Guet œp, yéntlmen.
Levántense, caballeros.

What do you do?
Juát du iú du?
¿Qué hacen Uds.?

We get up.
Uí guet œp.
Nosotros nos levantamos.

Sit down.
Sitt dáun.
Siéntense.

What do you do?
Juát du iú du?
¿Qué hacen Uds.?

We sit down.
Uí sitt dáun.
Nos sentamos.

Go out, gentlemen.
Góu áut, yéntlmen.
Salgan, caballeros.

What do you do?
Juát du iú du?
¿Qué hacen Uds.?

We go out.
Uí góu áut.
Salimos.

Let's get up.	**What do we do?**	**We get up.**
Lets guet œp.	*Juát du uí du?*	*Uí guet œp.*
Levantémonos.	¿Que hacemos?	Nos levantamos.
Let us sit down.	**Let us go out.**	**Let us go in.**
Let œs sitt dáun.	*Let œs góu áut.*	*Let œs góu in.*
Sentémonos.	Salgamos.	Entremos.
Let's sit down.	**Let's go out.**	**Let's go in.**
Lets sitt dáun.	*Lets góu áut.*	*Lets góu in.*
Sentémonos.	Salgamos.	Entremos.

NOTA sobre el imperativo: La primera persona del plural del imperativo se forma anteponiendo al verbo que se conjuga el auxiliar "let us" o "let's". Ej.: "Let us read the book".—*Leamos el libro,* "Let's go".—*Vámonos.*

The teacher   Bert   Anne   Simone   Herbert

PENSANDO EN INGLÉS
(Búsquense las contestaciones en la página 228)

1. Who goes out of the room?
2. Is Anne seated?
3. Does Bert sit down?
4. Who gets up?
5. Does Herbert come into the room?
6. Does Simone come in?
7. Does Herbert go out of the room?
8. Does the teacher go out of the room?
9. Are Herbert and Simone standing?
10. What is Herbert doing?
11. Is the teacher seated?
12. Do you get up after the lesson?
13. Do you sit down on the chair?
14. Do I sit down on the chair or on the table?
15. Do the pupils go out after the lesson?
16. Do we sit down at the movies?
17. Do you sit down in church?

LESSON 18

I give you a book
Ai guiv iú e buc
Yo le doy un libro

I give you a book.
Ái guiv iú e buc.
Yo le doy a Ud. un libro.

What do I do?
Juát du Ái du?
¿Qué hago yo?

You give me a book.
Iú guiv mi e buc.
Ud. me da un libro.

Give me the pencil, please.
Guiv mi dhe pensil, pliis.
Déme el lápiz, por favor.

What do you do?
Juát du iú du?
¿Qué hace Ud.?

I give you the pencil.
Ái guiv iú dhe pénsil.
Yo le doy el lápiz.

I give some paper to Mr. Bell.
Ái guiv sœm péiper tu Mr. Bel.
Yo le doy papel al Sr. Bell.

What do I give to Mr. Bell?
Juát du Ái guiv tu Mr. Bel?
¿Qué le doy yo al Sr. Bell?

¡CUIDADO! No se olvide de usar el auxiliar "do" en la formación de las preguntas. Ej.: "Does she give him the package?".—*Le da ella el paquete?*

89

You give him some paper.
Iú guiv jim sœm péiper.
Ud. le da papel.

Give your book to the young lady.
Guiv iúr buc tu dhi iœng léidi.
Déle su (de Ud.) libro a la señorita.

What do you give to the young lady?
Juát du iú guiv tu dhi iœng léidi?
¿Qué le da a la señorita?

I give her my book.
Ái guiv jer may buc.
Yo le doy (a ella) mi libro.

EL INGLÉS ES FÁCIL: No es necesario, como en español, agregar *a Ud., a él, a ella, a Uds., a ellos,* después del verbo, puesto que el mismo pronombre indica la persona. Ej.: "She gives him a check".—*Ella le da a él un cheque,* "I give them a lesson".—*Yo les doy a ellos una lección,* "I give her a rose".—*Yo le doy a ella una rosa.*

Ladies, I give you English lessons.
Léidis, Ái guiv iú Ínglish lésons.
Señoras, yo les doy lecciones de inglés.

What do I give you?
Juát du Ái guiv iú?
¿Qué les doy yo?

You give us English lessons.
Iú guiv œs Ínglish lésons.
Ud. nos da lecciones de inglés.

The teacher gives some exercises to the students.
Dhe tícher guivs sœm exersáises tu dhe stiúdents.
El profesor da unos ejercicios a los alumnos.

What does the teacher give to the students?
Juát dœs dhe tícher guiv tu dhe stiúdents?
¿Qué les da el profesor a los alumnos?

He gives them some exercises.
Ji guivs dhem sœm exersáises.
Él les da unos ejercicios.

I give you a pencil.
Ái guiv iú e pénsil.
Yo le doy (a Ud.) un lápiz.

I give you something.
Ái guiv iú sœmzing.
Yo le doy (a Ud.) algo.

I speak to you.
Ái spic tu iú.
Yo le hablo (a Ud.).

I tell you something.
Ái tel iú sœmzing.
Yo le digo (a Ud.) algo.

You speak to me.
Iú spic tu mi.
Ud. me habla.

You tell me something.
Iú tel mi sœmzing.
Ud. me dice algo.

Mr. Berlitz speaks to us.
Mr. Berlitz spics tu œs.
El Sr. Berlitz nos habla.

He tells us something.
Ji tels œs sœmzing.
Él nos dice algo.

We speak to Mr. Berlitz.
Uí spic tu Mr. Berlitz.
Nosotros hablamos al Sr. Berlitz.

We tell him something.
Uí tel jim sœmzing.
Nosotros le (a él) decimos algo.

 NOTA para el alumno: En inglés hay dos verbos que se traducen por *decir*, pero cuyo uso es diferente: "say" y "tell". "Say" es más general y "tell" más directo. "Tell" se usa también para ciertas expresiones idiomáticas como: "Tell me the time" (*Dígame la hora*), etc.

Mr. Berlitz speaks to the students.
Mr. Berlitz spics tu dhe stiúdents.
El Sr. Berlitz les habla a los alumnos.

He tells them something.
Ji tels dhem sœmzing.
Él les dice algo.

The students speak to Mr. Berlitz.
Dhe stiúdents spic tu Mr. Berlitz.
Los alumnos le hablan al Sr. Berlitz.

They tell him something.
Dhey tel jim sœmzing.
Ellos le dicen algo.

I speak to you.
Ái spic tu iú.
Yo le hablo a Ud.

I tell you my name.
Ái tel iú may néim.
Yo le digo (a Ud.) mi nombre.

What do I tell you?
Juát du Ái tel iú?
¿Qué le digo yo (a Ud.)?

You tell me your name.
Iú tel mi iúr néim.
Ud. me dice su nombre.

Tell me your name, please.
Tel mi iúr néim, plíis.
Dígame su nombre, por favor.

Tell me what is on the table.
Tel mi juát is on dhe téibl.
Dígame qué hay encima de la mesa.

Madam, tell Mr. Berlitz your name.
Mádam, tel Mr. Berlitz iúr néim.
Señora, dígale al Sr. Berlitz su nombre (de Ud.).

What do you tell Mr. Berlitz?
Juát du iú tel Mr. Berlitz?
¿Qué dice Ud. al Sr. Berlitz?

I tell him my name.
Ái tel jim may néim.
Yo le digo mi nombre.

Mr. Berlitz, what does this lady say to you?
Mr. Berlitz, juát dœs dhis léidi sey tu iú?
Sr. Berlitz, ¿qué dice a Ud. esta señora?

She tells me her name.
Shi tels mi jer néim.
Ella me dice su nombre.

What do you say?
Juát du iú sey?
¿Qué dice Ud.?

I say nothing.
Ái sey nózing.
Yo no digo nada.

DOS maneras de decir la misma cosa: Nótese que *no digo nada* se puede traducir por "I don't say anything" o "I say nothing". Existen construcciones análogas como: "somebody", "anybody", "nobody", y "someone", "anyone", "no one".

I give something to Mr. Berlitz.
Ái guiv sǽmzing tu Mr. Berlitz.
Yo doy algo al Sr. Berlitz.

I give him something.
Ái guiv him sǽmzing.
Yo le doy algo.

I give you something.
Ái guiv iú sǽmzing.
Yo doy a Ud. algo.

I give the book to Mr. Berlitz.
Ái guiv dhe buc tu Mr. Berlitz.
Yo doy el libro al Sr. Berlitz.

I give it to him.
Ái guiv itt tu jim.
Yo se lo doy.

You give me the blue book.
Iú guiv mi dhe blu buc.
Ud. me da el libro azul.

You give it to me.
Iú guiv itt tu mi.
Ud. me lo da.

Does Mr. Berlitz give us something?
Dǽs Mr. Berlitz guiv œs sǽmzing?
¿Nos da el Sr. Berlitz algo?

Yes, sir, he gives us something.
Iés, sœr, ji guivs œs sǽmzing.
Sí, señor, él nos da algo.

Does Mr Berlitz give us the book?
Dǽs Mr. Berlitz guiv œs dhe buc?
¿Nos da el Sr. Berlitz el libro?

He gives it to us.
Ji guivs itt tu œs.
Él nos lo da.

Does he give us the box?
Dǽs ji guiv œs dhe box?
¿Nos da él la caja?

No, he does not give it to us.
No, ji dǽs not guiv itt tu œs.
No, no nos la da.

I give you my tie.
Ái guiv iú may tái.
Yo le doy a Ud. mi corbata.

I give it to you.
Ái guiv itt tu iú.
Yo se la doy (a Ud.).

I give you my books.
Ái guiv iú may bucs.
Yo le doy (a Ud.) mis libros.

I give them to you.
Ái guiv dhem tu iú.
Yo se los doy (a Ud.).

Do you give something to me?
Du iú guiv sǽmzing tu mi?
¿Me da Ud. algo?

No, sir, I do not give anything to you.
No, sœr, Ái du not guiv énizing to iú.
No, señor, Yo no le doy nada a Ud.

Do you give me your books?
Du iú guiv mi iúr bucs?
¿Me da Ud. sus libros?

No, sir, I do not give them to you.
No, sœr, Ái du not guiv dhem tu iú.
No, señor, yo no se los doy.

The teacher says "good morning" to the students.
Dhe ticher ses "gud mórning" tu dhe stiúdents.
El profesor dice "buenos días" a los alumnos.

What does the teacher say to the students before the lesson?
Judt does dhe ticher sey tu dhe stiúdents bifór dhe léson?
¿Qué dice el profesor a los alumnos antes de la lección?

The teacher says "good morning" before the lesson.
Dhe ticher ses "gud mórning" bifór dhe léson.
El profesor dice "buenos días" antes de la lección.

The teacher says "good bye" to the students after the lesson.
Dhe ticher ses "gud bay" tu dhe stiúdents áfter dhe léson.
El profesor dice "adiós" a los alumnos después de la lección.

What does the teacher say after the lesson?
Judt does dhe ticher sey áfter dhe léson?
¿Qué dice el profesor después de la lección?

The teacher says "good bye".   **The students say "good bye".**
Dhe ticher ses "gud bay".   *Dhe stiúdents sey "gud bay".*
El profesor dice "adiós".   Los alumnos dicen "adiós".

Thank you, sir.

PENSANDO EN INGLÉS
(Búsquense las contestaciones en la página 229)

1. Does the teacher give a book to Mrs. Wiggs?
2. What does the teacher give Peggy?
3. What is Mrs. Wiggs doing?
4. Do Peggy and Mrs. Wiggs give a hat to the teacher?
5. Who speaks to Peggy?
6. What does the teacher say to her?
7. Does Mrs. Wiggs say anything to Rover?
8. Does she give him anything?
9. What does Rover say?
10. Do the students speak to the teacher during the lesson?
11. Do they say "good morning" to him before the lesson?
12. What does the teacher tell them after the lesson?
13. Tell me, what is in Mrs. Wiggs' left hand?
14. What do you tell me?
15. What does the teacher say to Mrs. Wiggs?
16. What does she say to him?

LESSON 19

With what do we walk?
Uídh juát du uí uók?
¿Con qué caminamos?

What do we do with the pencil?
Juát du uí du uidh dhe pénsil?
¿Qué hacemos con el lápiz?

We write with the pencil.
Uí ráit uidh dhe pénsil.
Escribimos con el lápiz.

With the pen?
Uidh dhe pen?
¿Con la pluma?

We write with the pen.
Uí ráit uidh dhe pen.
Escribimos con la pluma.

With the knife?
Uidh dhe náif?
¿Con el cuchillo?

We cut with the knife.
Uí cœt uidh dhe náif.
Cortamos con el cuchillo.

With the hands?
Uidh dhe jænds.
¿Con las manos?

We take with our hands.
Uí téic uidh dur jænds.
Tomamos con las manos.

95

With the feet?	**We walk with our feet.**
Uidh dhe fit?	*Ui uók uidh áur fit.*
¿Con los pies?	Caminamos con los pies.

 ¡ATENCIÓN! El verbo "To walk" significa solamente *caminar* con los pies.

With what do we write?	**We write with the pencil or with the pen.**
Uidh juát du ui ráit?	*Ui ráit uidh dhe pénsil or uidh dhe pen.*
¿Con qué escribimos?	Escribimos con el lápiz o con la pluma.

We see with our eyes.	**We hear with our ears.**
Ui sii uidh áur áys.	*Ui jíær uidh áur íærs.*
Vemos con los ojos.	Oímos con los oídos.

I shut my eyes.	**I don't see.**
Ái shœt may ays.	*Ái dont sii.*
Yo cierro los ojos.	Yo no veo.

I open my eyes.	**I see.**	**You are in front of me.**	**I see you.**
Ái ópen may ays.	*Ái sii.*	*Iú ar in frœnt of mi.*	*Ái sii iú.*
Yo abro los ojos.	Yo veo.	Ud. está delante de mí.	Yo lo veo.

Mr. Martin is not here.	**I do not see Mr. Martin.**
Mr. Mártin is not jíær.	*Ái du not sii Mr. Mártin.*
El Sr. Martin no está aquí.	Yo no veo al Sr. Martin.

Is the table in front of you?	**Do you see the table?**
Is dhe téibl in frœnt of iú?	*Du iú sii dhe téibl?*
¿Está la mesa delante de Ud.?	¿Ve Ud. la mesa?

Is the window behind you?	**Do you see the window?**
Is dhe uíndou bijáind iú?	*Du iú sii dhe uíndou?*
¿Está la ventana detrás de Ud.?	¿Ve Ud. la ventana?

Close your eyes.	**Do you see?**
Clóus iúr áys.	*Du iú sii?*
Cierre sus ojos.	¿Ve usted?

What do you see on the table?	**I see a book.**
Juát du iú sii on dhe téibl?	*Ái sii e buc.*
¿Qué ve Ud. encima de la mesa?	Yo veo un libro.

Whom do you see here?	**I see Mr. Crown.**
Jum du iú sii jíær?	*Ái sii Mr. Cráun.*
¿A quién ve Ud. aquí?	Yo veo al Sr. Crown.

NOTA para el alumno: *¿A quién?* se traduce por "whom?"
El inglés no tiene nada correspondiente a la *a* del acusativo
sino que se usa siempre el objeto directo. Ej.: *Yo la oigo a
ella*—"I hear her". Sin embargo, existe la *a*—"to", como
preposición. Ej.: "I give it to her"—*Se lo doy a ella.*

I speak.	You hear me speak.
Ái spic.	*Iú jícær mi spic.*
Yo hablo.	Ud. me oye hablar.

I knock on the table.
Ái nok on dhe téibl.
Yo golpeo encima de la mesa.

What do you hear?
Juát du iú jícær?
¿Qué oye Ud.?

I hear knocking on the table.
Ái jícær nóking on dhe téibl.
Oigo golpear encima de la mesa.

Do you hear the noise from the street?
Du iú jícær dhe nóis from dhe strit?
¿Oye Ud. el ruido de la calle?

Do we hear the automobiles in the street?
Du uí jícær dhi otomobíls in dhe strit?
¿Oímos nosotros los automóviles en la calle?

Yes, we hear them.
Iés, uí jícær dhem.
Sí, los oímos.

Do you hear the teacher speak?
Du iú jícær dhe tícher spic?
¿Oye Ud. hablar al profesor?

Yes, we hear him speak.
Iés, uí jícær jim spic.
Sí, nosotros lo oímos hablar.

Do the students hear the teacher speak?
Du dhe stiúdents jícær dhe tícher spic?
¿Oyen los alumnos hablar al profesor?

Yes, they hear him speak.
Iés, dhey jícær jim spic.
Sí, lo oyen hablar.

NOTA sobre el infinitivo: No debe preocuparse de las tres
conjugaciones en inglés; todos los verbos forman su infinitivo con "to"; así, "To go"—*Ir*, "To write"—*Escribir*, "To
speak"—*Hablar*, etc. Sin embargo, para construcciones tales
como *yo lo oigo cantar, yo la veo bailar*, en inglés se
suprime la preposición "to" y se dice simplemente: "I hear him sing"—
Yo lo oigo cantar, "I see her dance"—*Yo la veo bailar.*

What do you hear on the radio?
Juát du iú jícær on dhe réidio?
¿Qué oye Ud. en el radio?

I hear music.
Ái jícær miúsic.
Yo oigo música.

What do you see in the street?
Juát du iú síi in dhe strit?
¿Qué ve Ud. en la calle?

I see automobiles and many persons.
Ái síi otomobíls ænd méni pérsons.
Yo veo autómoviles y muchas personas.

We smell with the nose; we smell odors.
Uí smel uidh dhe nóus; uí smel ódors.
Olemos con la nariz; olemos los olores.

Do you smell the odor of flowers?
Du iú smel dhi ódor of fláuers?
¿Huele Ud. el olor de las flores?

Yes, I smell it.
Iés, Ái smel itt.
Sí, yo lo huelo.

It is very pleasant.
Itt is véri plésant.
Es muy agradable.

Flowers have a good odor.
Fláuers jæv e gud ódor.
Las flores tienen buen olor.

Ink hasn't a good odor; it has a bad odor.
Ink jásnt e gud ódor; itt jas e bæd ódor.
La tinta no tiene buen olor; tiene mal olor.

Gas has a bad odor.
Gæs has e bæd ódor.
El gas tiene mal olor.

Here are some flowers: a rose,
Jíær ar sœm fláuers: e róus,
He aquí unas flores: una rosa,

a violet, a tulip, a carnation.
e váiolet, e túlip, e carnéshœn.
una violeta, un tulipán, un clavel.

Has the rose a good odor?
Jas dhe róus e gud ódor?
¿Tiene la rosa buen olor?

Yes, the rose has a good odor.
Iés, dhe róus jas e gud ódor.
Sí, la rosa tiene buen olor.

With our mouth we eat and drink.
Uidh áur máuz uí íit ænd drink.
Con la boca comemos y bebemos.

We eat bread, meat, fish, vegetables, fruit.
Uí íit bred, míit, fish, véshetabls, frut.
Comemos pan, carne, pescado, legumbres, fruta.

Here are some vegetables: Beans, peas, cabbage, potatoes, carrots,
Jíær ar sœm véshetabls: biins, píis, cǽbesh, potéitos cárots,
He aquí unas legumbres: frijoles, guisantes, repollo, papas, zanahorias,

stringbeans, cauliflower, asparagus, rice, onions.
stringbins, colifláuer, æspáragœs, ráis, ónions.
judías verdes, coliflor, espárragos, arroz, cebollas.

What fruits do we eat?
Juát fruts du uí íit?
¿Qué frutas comemos?

We eat: apples, pears, peaches, grapes, strawberries, pineapples, and bananas.
Uí íit: ápls, pέœrs, píches, gréips, stróberis, páinápls, ænd banánas.
Comemos: manzanas, peras, melocotones, uvas, fresas, piñas, y bananos.

Tell me the names of some meats.
Tel mi dhe néims of sœm míits.
Dígame los nombres de algunas carnes.

Here are a few: roastbeef, steak, pork chop, lamb chop,
Jíœr ar e fiú: róstbif, stéic, porc chop, lœmb chop,
He aquí algunas: asado de res, filete, chuleta de puerco, chuleta de cordero,

chicken, turkey, ham, liver.
chiquen, tœrqui, jœm, liver.
pollo, pavo, jamón, hígado.

What do we drink with dinner?
Juát du uí drink uídh díner?
¿Qué bebemos con la comida?

We drink: water, milk, coffee, chocolate, tea, wine, beer, whiskey, rum.
Uí drink: uóter, milc, cófi, chócolet, tíi, uáin, bier, uíski, rœm.
Bebemos: agua, leche, café, chocolate, té, vino, cerveza, whiskey, ron.

We go into a restaurant for lunch and sit down at a table.
Uí góu íntu e réstorant for lœnch œnd sitt dáun œt e téibl.
Entramos en un restaurante a almorzar y nos sentamos a la mesa.

The waiter comes to us with a glass of water and the menu.
Dhe uéiter cœms tu œs uídh e glas of uóter œnd dhe méniu.
El mozo viene a nosotros con un vaso de agua y el menú.

We look at the menu and say: "Waiter, please bring me some onion soup,
Uí luk œt dhe méniu œnd séi: "Uéiter, plíis bring mi sœm ónion sup,
Miramos al menú y decimos: "Mozo, por favor tráigame sopa de cebollas,

a rare steak, green peas, and French-fried potatoes.
e réer stéic, grin píis, œnd French fráid potéitos.
un filete medio asado, judías verdes, y papas fritas.

For dessert I want apple pie and ice cream. Coffee with the meal."
For disért Ái uánt ápl pái œnd dis crim. Cófi uídh dhe míil."
De postre quiero pastel de manzana y helado. Café para la comida."

My friend gives his order. After the meal we ask for the check,
Mái frend guivs jis órder. Áfter dhe míil uí ask for dhe chek,
Mi amigo da su orden. Después de la comida pedimos la cuenta,

pay it and leave a tip on the table for the waiter.
péi itt œnd líiv e tip on dhe téibl for dhe uéiter.
la pagamos y dejamos una propina en la mesa para el mozo.

PENSANDO EN INGLÉS

(Búsquense las contestaciones en la página 229)

1. With what does the teacher smell the onion?
2. Has the onion a good odor?
3. Has the rose a good odor?
4. Is Mrs. Wiggs smelling a rose or an onion?
5. Do you see the things behind you?
6. Do we see the things before us?
7. Do we hear anybody knocking on the table?
8. Do you hear the President of the United States speak?
9. Do we eat bread?
10. Do we see Charlie Chaplin in the movies?
11. Do we put sugar in coffee?
12. Do many people eat white bread?
13. Do Americans drink much Coca-cola?
14. Do we put sugar on meat?
15. Do you put milk in tea?
16. With what do we cut meat?
17. Do we eat peas with a knife?
18. Do you write with a pencil or a pen?
19. Do we drink with the nose?
20. With what do we drink?

LESSON 20

With what do we eat?
Uidh juát du uí íit?
¿Con qué comemos?

With what do we eat soup?
Uidh juát du uí íit sup?
¿Con qué tomamos la sopa?

We eat soup with a spoon.
Uí íit sup uidh e spun.
Tomamos la sopa con una cuchara.

With what do we cut meat?
Uidh juát du uí cœt miit?
¿Con qué cortamos la carne?

We cut meat with a knife.
Uí cœt miit uidh e náif.
Cortamos la carne con un cuchillo.

With what do we eat meat?
Uidh juát du uí íit miit?
¿Con qué comemos la carne?

We eat meat with a fork.
Uí íit miit uidh e fork.
Comemos la carne con un tenedor.

Here is a plate.
Jícer is e pléit.
He aquí un plato.

Where do we put the meat?
Juéer du uí put dhe miit?
¿Dónde ponemos la carne?

We put the meat on the plate.
Uí put dhe míit on dhe pléit.
Ponemos la carne en el plato.

The glass, the cup.   In what do we drink wine?
Dhe glas, dhe cœp.   *In juát du uí drink uáin?*
El vaso, la taza.   ¿En qué bebemos el vino?

We drink wine in a glass.
Uí drink uáin in e glas.
Bebemos el vino en un vaso.

In what do we drink tea?   We drink tea in a cup.
In juát du ui drink tíi?   *Uí drink tíi in e cœp.*
¿En qué bebemos el té?   Bebemos el té en una copa.

Bread is good to eat.   Paper is not good to eat.
Bred is gud tu íit.   *Péiper is not gud tu íit.*
El pan es bueno para comer.   El papel no es bueno para comer.

It is bad to eat.
Itt is bæd tu íit.
Es malo para comer.

Water is good to drink.   Ink is not good to drink.
Uóter is gud tu drink.   *Ink is not gud tu drink.*
El agua es buena para beber.   La tinta no es buena para beber.

It is bad to drink.
It is bæd tu drink.
Es mala para beber.

This pencil doesn't write well; it isn't good, it is bad.
Dhis pénsil dœsnt ráit uél; itt isnt gud, itt is bæd.
Este lápiz no escribe bien; no es bueno, es malo.

My knife doesn't cut well; it is a bad knife.
May ndif dœsnt cœt uél; itt is a bæd ndif.
Mi cuchillo no corta bien; es un cuchillo malo.

This pen is broken.   It writes badly.
Dhis pen is bróuken.   *Itt ráits bædli.*
Esta pluma está rota.   Escribe mal.

Does Louise speak English well?   No, sir, at present she speaks it badly,
Dœs Luíis spic Ínglish uél?   *No, sœr æt présent shi spics itt bædli,*
¿Habla Luisa inglés bien?   No, señor, al presente ella lo habla mal.

but her friend, Valeria, speaks it rather well.
bœt jœr frend, Valeria, spics itt rádhœr uél.
pero su amiga Valeria lo habla bastante bien.

The rose has a good odor.
Dhe róus jas e gud ódor.
La rosa tiene buen olor.

The odor of the rose is pleasant.
Dhi ódor of dhe róus is plésant.
El olor de la rosa es agradable.

Ink has a bad odor.
Ink jas e bæd ódor.
La tinta tiene mal olor.

The odor of ink is unpleasant.
Dhi ódor of ink is œnplésant.
El olor de la tinta es desagradable.

NOTA: Fíjese con qué frecuencia se omite el artículo "the" en casos donde no puede eliminarse en español.

Is the odor of gas pleasant?
Is dhi ódor of gæs plésant?
¿Es agradable el olor del gas?

No, it is not pleasant, but unpleasant.
No, itt is not plésant, bœt œnplésant.
No, no es agradable, sino desagradable.

Strawberries have a good odor and a pleasant taste.
Stróberis jæv e gud ódor ænd e plésant téist.
Las fresas tienen un buen olor y un gusto agradable.

I like strawberries.
Ái láic stróberis.
A mí me gustan las fresas.

Do you like the smell of gas?
Du iú láic dhe smel of gæs?
¿Le gusta el olor del gas?

No, I don't like it; it displeases me.
No, Ái dont láic itt; itt displíisis mi.
No, no me gusta; me desagrada.

I like the taste of coffee with sugar.
Ái láic dhe téist of cófi uidh shúgar.
Me gusta el sabor del café con azúcar.

I don't like coffee without sugar.
Ái dont láic cófi uidháut shúgar.
No me gusta el café sin azúcar.

You like a good smell.
Iú láic e gud smel.
A Ud. le gusta un buen olor.

You don't like a bad smell.
Iú dont láic e bæd smel.
A Ud. no le gusta un mal olor.

NOTA importante: "To like"—*gustar,* al contrario del español, es un verbo directo. Ej.: "I like movies"—*Me gustan las películas.* "To love"—*Amar* se usa idiomáticamente como *encantar.* Ej.: "Aida loves to buy new clothes" —*A Aida le encanta comprar vestidos nuevos.*

Things which are pleasant to see are beautiful.
Zings juích ar plésant tu sii ar biútiful.
Las cosas agradables para ver son hermosas.

The statue of Venus is beautiful.
Dhe státiu of Vínœs is biútiful.
La estatua de Venus es hermosa.

Hollywood is beautiful.
Jóliuúd is biútiful.
Hollywood es hermoso.

There are beautiful statues and beautiful pictures in the museums.
Dhéer ar biútiful státius œnd biútiful pikchœrs in dhe miusiums.
Hay estatuas hermosas y cuadros hermosos en los museos.

Things that are not pleasant to see are ugly.
Zings dhat ar not plésant tu síi ar œgli.
Las cosas que no son agradables para ver son feas.

The spider is ugly.
Dhe spáider is œgli.
La araña es fea.

The monkey is not beautiful; it is ugly.
Dhi mónki is not biútiful; it is œgli.
El mono no es hermoso; es feo.

The horse is beautiful.
Dhe jórs is biútiful.
El caballo es hermoso.

The rat is ugly.
Dhe rœt is œgli.
La rata es fea.

PENSANDO EN INGLÉS
(Búsquense las contestaciones en la página 230)

1. With what do we cut meat?
2. Do we eat meat with a spoon?
3. What do we eat with a spoon?
4. Do you like the odor of a rose?
5. Do you like the odor of cheese?
6. Do you like coffee with sugar?
7. Do you like soup without salt?
8. Do you like the smell of garlic?
9. Do you like the taste of strawberries?
10. Do you like cheese?
11. Do you like tea without sugar?
12. Do you like beer?
13. Do young ladies like flowers?
14. Do you like to speak English?
15. Is the statue of Venus beautiful?
16. Are the dresses in the Fifth Avenue windows beautiful?
17. Is the owl beautiful or ugly?
18. Is the peacock beautiful?
19. Is the Spanish language beautiful?
20. Do you like to hear it?

I cannot see
Ái cǽnot síi
Yo no puedo ver

I touch the table, the chair, the book, etc.
Ái tæch dhe téibl, dhe chéer, dhe buc, etc.
Yo toco la mesa, la silla, el libro, etc.

Touch the table.	**What do you do?**	**I touch the table.**
Tæch dhe téibl.	*Juát du iú du?*	*Ái tæch dhe téibl.*
Toque la mesa.	¿Qué hace Ud.?	Yo toco la mesa.

Touch the book, the chair, the table.
Tæch dhe buc, dhe chéer, dhe téibl.
Toque el libro, la silla, la mesa.

Touch the ceiling.	**I cannot touch the ceiling.**
Tæch dhe síling.	*Ái cǽnot tæch dhe síling.*
Toque el techo.	Yo no puedo tocar el techo.

106

NOTA gramatical: "Can" equivale a *poder*, pero es un verbo defectivo que no tiene infinitivo. Además, con este verbo no se usa el auxiliar "do".

The gentleman cannot touch the ceiling.
Dhe yéntlmæn cánot tœch dhe síling.
El caballero no puede tocar el techo.

You can touch the table.
Iú cæn tœch dhe téibl.
Ud. puede tocar la mesa.

Can you touch the table?
Cæn iú tœch dhe téibl?
¿Puede Ud. tocar la mesa?

Yes, I can touch it.
Iés, Ái cæn tœch itt.
Sí, la puedo tocar.

Can I touch the ceiling?
Cæn Ái tœch dhe síling?
¿Puedo tocar el techo?

No, you cannot touch it.
No, iú cánot tœch itt.
No, Ud. no puede tocarlo

I cannot go out.
Ái cánot góu áut.
Yo no puedo salir.

The door is closed.
Dhe dóor is clóusd.
La puerta está cerrada.

The door is open.
Dhe dóor is ópen.
La puerta está abierta.

I can go out.
Ái cæn góu áut.
Yo puedo salir.

I have a pencil.
Ái jæv e pénsil.
Yo tengo un lápiz.

I can write.
Ái cæn ráit.
Yo puedo escribir.

Mr. Chandler has no pencil; he cannot write.
Mr. Chándler jas no pénsil; ji cánot ráit.
El Sr. Chandler no tiene lápiz; no puede escribir.

The ceiling is high.
Dhe síling is jái.
El techo es alto.

I cannot touch it.
Ái cánot tœch itt.
No puedo tocarlo.

The lamp is low.
Dhe læmp is lóu.
La lámpara está baja.

I can touch it.
Ái cæn tœch itt.
Yo puedo tocarla.

I close my eyes.
Ái clóus may áys.
Yo cierro los ojos.

I cannot see.
Ái cánot síi.
Yo no puedo ver.

The gentleman has a knife; he can cut the meat.
Dhe yéntlmæn jas e náif; ji cæn cœt dhe míit.
El caballero tiene un cuchillo; puede cortar la carne.

I have no knife; I can't cut the meat.
Ái jæv no náif; Ái cænt cæt dhe míit.
Yo no tengo cuchillo; no puedo cortar la carne.

¡OJO!: Fíjese en la contracción de "cannot"; esta palabra "can't" se oye constantemente en la conversación.

Mr. Berlitz wears glasses;   **he can see with his glasses.**
Mr. Berlitz uérs gláses;   *ji cæn síi uidh jis gláses.*
El Sr. Berlitz usa anteojos;   él puede ver con sus anteojos.

He cannot see without glasses.
Ji cánot síi uidháut gláses.
Él no puede ver sin anteojos.

Can I touch the ceiling?   **No, you can't touch the ceiling.**
Cæn Ái tœch dhe síling?   *No, iú cænt tœch dhe síling.*
¿Puedo yo tocar el techo?   No, Ud. no puede tocar el techo.

Am I able to touch the lamp?   **Yes, you are able to touch it.**
Æm Ái éibl tu tœch dhe læmp?   *Iés, iú ar éibl tu tœch itt.*
¿Puedo yo tocar la lámpara?   Sí, Ud. puede tocarla.

Are you able to count the stars?   **No, I am unable to count them.**
Ar iú éibl tu cáunt dhi stars?   *No, Ái æm œnéibl tu cáunt dhem.*
¿Puede Ud. contar las estrellas ?   No, yo no puedo contarlas.

NOTA para el alumno: La construcción "to be able to" (*poder, ser capaz de*) equivale al verbo "can"; la forma negativa es "to be unable to" (*no poder, ser incapaz de*). Debe familiarizarse al uso de ambas formas, porque es necesario usarlas en aquellos tiempos en que no puede usar el verbo "can" por ser defectivo.

Can you count my books?   **Yes, I can count them.**
Cæn iú cáunt may bucs?   *Iés, Ái cæn cáunt dhem.*
¿Puede Ud. contar mis libros?   Sí, yo puedo contarlos.

Count them.   **There are ten.**
Cáunt dhem.   *Dhéer ar ten.*
Cuéntelos.   Hay diez.

Can we break the key?   **No, we cannot break it.**
Cæn uí bréic dhe kíi?   *No, uí cánot bréic itt.*
¿Podemos romper la llave?   No, no podemos romperla.

Am I able to break the match?   **Yes, you are able to break it.**
Æm Ái éibl tu bréic dhe mætch?   *Iés, iú ar éibl tu bréic itt.*
¿Puedo romper el fósforo?   Sí, puede romperlo.

PENSANDO EN INGLÉS
(Búsquense las contestaciones en la página 230)

1. Does Peggy touch Rover?
2. Can she touch the teacher's right hand?
3. Can the teacher touch Peggy's hat?
4. Does he touch it?
5. Is the lamp low?
6. Can the teacher touch it?
7. What does the teacher touch?
8. Does the teacher wear glasses?
9. Is he able to see without his glasses?
10. The door is open; can he go out of the room?
11. I have neither pen nor pencil; can I write?
12. Can we see what is behind us?
13. Can the pupils touch the ceiling?
14. Can you break a match?
15. Can you break the door key?
16. Are you able to touch your book?

Without glasses I cannot see
Uidháut gláses Ái cǽnot síi
Sin anteojos yo no puedo ver

I cannot cut the paper; I have no scissors.
Ái cǽnot cǽt dhe péiper; Ái jǽv no síscers.
Yo no puedo cortar el papel; no tengo tijeras.

I cannot cut the paper, because I have no scissors.
Ái cǽnot cǽt dhe péiper, bicós Ái jǽv no síscers.
Yo no puedo cortar el papel, porque no tengo tijeras.

Can I cut the paper?	**No, you cannot cut it.**
Cǽn Ái cǽt dhe péiper?	*No, iú cǽnot cǽt itt.*
¿Puedo yo cortar el papel?	No, Ud. no puede cortarlo.

Why?	**Because you have no scissors.**
Uáy?	*Bicós iú jǽv no síscers.*
¿Por qué?	Porque Ud. no tiene tijeras.

The door is closed.	**You cannot go out.**
Dhe dóor is clóusd.	*Iú cǽnot góu áut.*
La puerta está cerrada.	Ud. no puede salir.

Why can't you go out?
Uáy cænt iú góu áut?
¿Por qué no puede Ud. salir?

Because the door is closed.
Bicós dhe dóor is clóusd.
Porque la puerta está cerrada.

NO se olvide: "cannot" y "can't" no usan el auxiliar "do".
Ej.: "I don't see anything".—*Yo no veo nada;* "I can't see
anything".—*Yo no puedo ver nada.*

This box is small.
Dhis box is smóol.
Esta caja es pequeña.

This book is large.
Dhis buc is láarsh.
Este libro es grande.

We cannot put the book in the box.
Ui cænot put dhe buc in dhe box.
No podemos meter el libro en la caja.

Why can't we put the book in the box?
Uáy cænt ui put dhe buc in dhe box?
¿Por qué no podemos meter el libro en la caja?

Because the book is large and the box is small.
Bicós dhe buc is láarsh ænd dhe box is smóol.
Porque el libro es grande y la caja es pequeña.

Close your eyes.
Clóus iúr dys.
Cierre los ojos.

You cannot see.
Iú cǽnot síi.
Ud. no puede ver.

Why can't you see?
Uáy cænt iú síi?
¿Por qué no puede Ud. ver?

Because I close my eyes.
Bicós Ai clóus may dys.
Porque cierro los ojos.

ATENCIÓN: Aunque el español emplee el artículo
definido con la ropa, partes del cuerpo, etc., en inglés debe
usarse el adjetivo posesivo. Ej.: *Quítese la chaqueta.*—"Take
off your coat"; *Me duele la cabeza.*—"My head aches".

Mr. Berlitz is not here.
Mr. Berlitz is not jíœr.
El Sr. Berlitz no está aquí.

Why can the students not see Mr. Berlitz?
Uáy cæn dhe stiúdents not síi Mr. Berlitz?
¿Por qué no pueden los alumnos ver al Sr. Berlitz?

Because he is not here.
Bicós ji is not jíœr.
Porque él no está aquí.

I take your book. Can you read? No, I cannot.
Ái téic iúr buc. *Cœn iú ríid?* *No, Ái cœnot.*
Yo tomo su libro. ¿Puede Ud. leer? No, yo no puedo.

Why can't you? Because I have no book.
Uáy cœnt iú? *Bicós Ái jœv no buc.*
¿Por qué no puede Ud.? Porque no tengo libro.

Mr. Berlitz hasn't his glasses. Can he see without glasses?
Mr. Berlitz jásnt jis gláses. *Cœn ji sii uidháut gláses?*
El Sr. Berlitz no tiene sus anteojos. ¿Puede él ver sin anteojos?

No, he cannot. Why isn't he able to see?
No, ji cœnot. *Uáy isnt ji éibl tu sii?*
No, él no puede. ¿Por qué no puede ver?

Because he hasn't his glasses.
Bicós ji jásnt jis gláses.
Porque no tiene sus anteojos.

The door is open. Can you go out? Yes, I can go out.
Dhe dóor is ópen. *Cœn iú góu áut?* *Iés, Ái cœn góu áut.*
La puerta está abierta. ¿Puede Ud. salir? Sí, yo puedo salir.

Why don't you go out? Because I don't want to.
Uáy dont iú góu áut? *Bicós Ái dont uánt tu.*
¿Por qué no sale Ud.? Porque yo no quiero.

You don't go out because you don't want to.
Iú dont góu áut bicós iú dont uánt tu.
Ud. no sale porque no quiere.

Can you tear your book? Why don't you tear it?
Cœn iú téer iúr buc? *Uáy dont iú téer itt?*
¿Puede Ud. romper su libro? ¿Por qué no lo rompe?

Because I don't want to.
Bicós Ái dont uánt tu.
Porque yo no quiero.

ALGO muy importante: Cuando "want" se usa con otro verbo, el segundo verbo debe ponerse en su forma infinitiva. Ej.: "Do you want to see him?"—¿Quiere Ud. verlo? Nótese también: "What do you want?"—¿Qué quiere Ud?. Cuidado con el error de usar "want" para expresar el sentimiento de querer (amar) a una persona, como se puede usar en español, pues esto puede conducir a un error de doble sentido.

You don't tear it because you don't want to.
Iú dont téer itt bicós iú dont uánt tu.
Usted no lo rompe porque no quiere.

I can break my watch, but I don't want to break it.
Ái cæn bréic may uátch, bæt Ái dont uánt tu bréic itt.
Yo puedo romper mi reloj, pero yo no quiero romperlo.

I can tear my suit, but I don't want to tear it.
Ái cæn téer may sut, bæt Ái dont uánt tu téer itt.
Yo puedo romper mi traje, pero yo no quiero romperlo.

The teacher can write on the wall, but he doesn't want to write on the wall.
Dhe tícher cæn ráit on dhe uól, bæt ji dœsnt uánt tu ráit on dhe uól.
El profesor puede escribir en la pared, pero él no quiere escribir en la pared.

Why do we not go out? | Because we don't want to go out.
Uáy du uí not góu áut? | *Bicós uí dont uánt tu góu áut.*
¿Por qué no salimos? | Porque no queremos salir.

The students can tear their books, but they don't want to.
Dhe stiúdents cæn téer dher bucs, bæt dhey dont uánt tu.
Los alumnos pueden romper sus libros, pero no quieren.

They can break the window with a stick. | Why don't they break it?
Dhey cæn bréic dhe uíndou uidh e stic. | *Uáy dont dhey bréic itt?*
Ellos pueden romper la ventana con un bastón. | ¿Por qué no la rompen?

Because they don't want to break it.
Bicós dhey dont uánt tu bréic itt.
Porque ellos no quieren romperla.

PENSANDO EN INGLÉS
(Búsquense las contestaciones en la página 230)

1. Can the students break the window with a ball?
2. Can you go out?
3. Do you want to go out?
4. Can you break the window?
5. Do you want to break the window?
6. Do you want to speak Spanish now?
7. Do you want to speak English?
8. What do you want to read, the book or the newspaper?
9. Do you want to drink anything?
10. Do you want to eat anything?
11. What do you want to drink?
12. Can we go out if the door is not open?
13. Can we eat soup if we have no spoon?
14. Can you cut meat if you have no knife?
15. Why do the pupils not tear their books?
16. Why don't you break your watch?

What must I do to go out?
Juát mœst Ái du tu góu áut?
¿Qué debo hacer para salir?

The door is closed; we cannot go out.
Dhe dóor is clóusd; ui cǽnot góu áut.
La puerta está cerrada; no podemos salir.

If the door is open, we can go out.
If dhe dóor is ópen, ui cæn góu áut.
Si la puerta está abierta, podemos salir.

If the door is closed, we can't go out.
If dhe dóor is clóusd, ui cænt góu áut.
Si la puerta está cerrada, no podemos salir.

If we close our eyes, we cannot see.
If ui clóus áur áys, ui cǽnot si.
Si cerramos los ojos, no podemos ver.

115

If I have no chalk, I cannot write on the blackboard.
If Ái jæv no choc, Ái cǽnot ráit on dhe blǽckbord.
Si no tengo tiza, no puedo escribir en la pizarra.

If I have no money, I cannot go to the United States.
If Ái jæv no mǽni, Ái cǽnot góu tu dhi Iunáited Stéits.
Si no tengo dinero, no puedo ir a los Estados Unidos.

I can touch the clock by climbing (if I climb) on the chair.
Ái cæn tœch dhe cloc bay cláiming (if Ái cláim) on dhe chéer.
Yo puedo tocar el reloj subiendo (si subo) a la silla.

If I don't climb on the chair, I cannot touch the clock.
If Ái dont cláim on dhe chéer, Ái cǽnot tœch dhe cloc.
Si yo no subo a la silla, no puedo tocar el reloj.

 NOTA sobre el gerundio: El gerundio puede usarse para substituir la construcción condicional con "if". No se olvide, sin embargo, de usar la preposición "by". Ej.: "By going to the Berlitz School one can learn English quickly"—*Yendo a la escuela Berlitz, se aprende inglés rápidamente.*

By opening the door, we can go out of the room.
Bay ópening dhe dóor, ui cæn góu áut of dhe rum.
Abriendo la puerta, podemos salir del cuarto.

If we don't open it, we cannot go out.
If ui dont ópen itt, ui cǽnot góu áut.
Si no la abrimos, no podemos salir.

By taking English lessons, you can learn to speak it in a short time.
Bay téiking Ínglish lésons, iú cæn lœrn tu spic itt in e short táim.
Tomando lecciones de inglés, Ud. puede aprender a hablarlo en poco tiempo.

Without studying, you cannot speak the language.
Uidháut stǽdiing, iú cǽnot spic dhe lǽngüish.
Sin estudiar, usted no puede hablar el idioma.

The door is closed.	**You want to go out.**
Dhe dóor is clóusd.	*Iú uánt tu góu áut.*
La puerta está cerrada.	Ud. quiere salir.

You cannot go out if you don't open the door.
Iú cǽnot góu áut if iú dont ópen dhe dóor.
Ud. no puede salir si no abre la puerta.

You must open the door to go out.
Iú mæst ópen dhe dóor tu góu áut.
Ud. debe abrir la puerta para salir.

We cannot see if we do not open our eyes;
Ui cánot sii if ui du not ópen áur áys;
No podemos ver si no abrimos los ojos;

we must open our eyes to see.
ui mæst ópen áur áys tu sii.
debemos abrir nuestros ojos para ver.

To write on the blackboard, I must take the chalk.
Tu ráit on dhe bláckbord, Ái mæst téic dhe choc.
Para escribir en la pizarra, debo tomar la tiza.

To eat soup, I must have a spoon.
Tu iit sup, Ái mæst jæv e spun.
Para tomar la sopa, debo tener una cuchara.

To eat meat we must have a knife and a fork.
Tu iit miit ui mæst jæv e náif ænd e fork.
Para comer la carne debemos tener un cuchillo y un tenedor.

What must we do in order to go out?
Juát mæst ui du in órder tu góu áut?
¿Qué debemos hacer para salir?

We must open the door.
Ui mæst ópen dhe dóor.
Debemos abrir la puerta.

What must we do to see?
Juát mæst ui du tu sii?
¿Qué debemos hacer para ver?

We must open our eyes.
Ui mæst ópen áur áys.
Debemos abrir los ojos.

OJO: "must" como "can" es un verbo auxiliar defectivo que no tiene infinitivo ni futuro.

What must we have to cut meat?
Juát mæst ui jæv tu cæt miit?
¿Qué debemos tener para cortar la carne?

We must have a knife.
Ui mæst jæv e náif.
Debemos tener un cuchillo.

What must you do to speak?
Juát mæst iú du tu spic?
¿Qué debe hacer Ud. para hablar?

I must open my mouth.
Ái mæst ópen may máuz.
Debo abrir la boca.

Mr. O'Brien's book is closed.
Mr. O-Bráiens buc is clóusd.
El libro del Sr. O'Brien está cerrado.

Can he read?
Cæn ji riid?
¿Puede él leer?

No, he can't read.
No, ji cænt riid.
No, no puede leer.

What must he do if he wants to read?
Judt mæst ji du if ji uánts tu riid?
¿Qué debe hacer él si quiere leer?

He must open his book.
Ji mæst ópen jis buc.
Debe abrir su libro.

The pupils have neither pencil nor paper.
Dhe piúpils jæv nídher pénsil nor péiper.
Los alumnos no tienen ni lápiz ni papel.

Can they write?   No, they can't.   Why?
Cæn dhey ráit?   *No, dhey cænt.*   *Uáy?*
¿Pueden escribir?   No, no pueden.   ¿Por qué?

Because they have neither paper nor pencil.
Bicós dhey jæv nídher péiper nor pénsil.
Porque ellos no tienen ni papel ni lápiz.

What must they have if they want to write?
Judt mæst dhey jæv if dhey uánt tu ráit?
¿Qué deben tener si quieren escribir?

They must have paper and pencil.
Dhey mæst jæv péiper ænd pénsil.
Ellos deben tener papel y lápiz.

To travel one must have money.
Tu trável uæn mæst jæv mæni.
Para viajar uno debe tener dinero.

CONSEJO útil: En inglés no existe una construcción equivalente a las construcciones en español de: *se dice, se habla,* etc. Éstas se traducen en inglés por "one says", "one speaks", "they say", "they speak" y hasta por "it is said" o "it is spoken".

To go to the movies these gentlemen must have tickets.
Tu góu tu dhe múvis dhiis yéntlmen mæst jæv tiquets.
Para ir al cine, estos caballeros deben tener billetes.

To go to the United States, we must have money.
Tu góu tu dhi Iunáited Stéits, ui mæst jæv mæni.
Para ir a los Estados Unidos, debemos tener dinero.

NOTA sobre el turismo: Nótese que lo anterior es un ejemplo, nada más. Los precios en los E.E. U.U. no son tan altos como dicen, sobre todo si uno sabe defenderse en inglés.

PENSANDO EN INGLÉS
(Búsquense las contestaciones en la página 231)

1. Does Peggy want to eat the apple?
2. Can she touch it?
3. Does the teacher give Peggy the apple?
4. Why doesn't he give it to Peggy?
5. Does he want to give it to Peggy?
6. Must you open the door to go out?
7. If we want to see, must we open our eyes?
8. Must you have money to travel?
9. What must we have to write?
10. What must you do if the door is closed and you want to **go out?**
11. Can Mr. Berlitz see without his glasses?
12. What must you have to read?
13. What must we have to go to the opera?
14. Can you eat soup with a knife?
15. What must we have in order to eat soup?
16. Must I have money to go to the movies?
17. At the restaurant, does the waiter bring the food to the table?
18. Where do I leave the tip for the waiter?
19. Must I pay for the food?

LESSON 24

What time is it?
Juát táim is itt?
¿Qué hora es?

Here is a pocket watch.
Jiær is e póket uátch.
He aquí un reloj de bolsillo.

Here is a wall clock.
Jiær is e uól cloc.
He aquí un reloj de pared.

The wall clock is larger than the pocket watch.
Dhe uól cloc is láryer dhan dhe póket uátch.
El reloj de pared es más grande que el reloj de bolsillo.

We hang the clock on the wall or put it on the mantelpiece.
Ui jæng dhe cloc on dhe uól or put itt on dhe mántelpiis.
Colgamos el reloj en la pared o lo ponemos en la repisa.

We carry the pocket watch in the pocket.
Ui cárri dhe póket uátch in dhe póket.
Llevamos el reloj de bolsillo en el bolsillo.

Here is a wrist watch.	**And this is an alarm clock.**
Jíœr is e rist uátch.	*Ænd dhis is an alárm cloc.*
He aquí un reloj de pulsera.	Y éste es un reloj despertador.

A clock is made of wood, of marble or of bronze.
E cloc is méid of uúd, of márbl or of brons.
Un reloj es de madera, de mármol o de bronce.

A pocket watch or a wrist watch is made of gold, silver, nickel or stainless steel.
E póket uátch or e rist uátch is méid of góuld, silver, nikel or stéinles stiil.
Un reloj de bolsillo o un reloj de pulsera es de oro, plata, níquel, o acero inoxidable.

NOTA para el alumno: La construcción *"is made of"* equivale a *es hecho de*; sin embargo esta expresión tiene más uso en inglés que en español. Ej.: "What is this cake made of?"—*¿De qué es esta torta?*

An alarm clock is also made of metal, and is used to wake us up.
An alárm cloc is ólso méid of métal, ænd is iúsd tu uéic œs œp.
Un reloj despertador es también de metal, y se usa para despertarnos.

An hour contains sixty minutes.
An áuœr contéins síxti mínets.
Una hora contiene sesenta minutos.

A minute contains sixty seconds.
E mínet contéins síxti sécœnds.
Un minuto contiene sesenta segundos.

On the face of the clock there are two hands.
On dhe féis of dhe cloc dhœr ar tu jœnds.
En la esfera del reloj hay dos manecillas.

The long hand points out the minutes.
Dhe long jœnd póints áut dhe mínets.
La manecilla larga señala los minutos.

The short hand points out the hours.
Dhe short jœnd póints áut dhi áuœrs.
La manecilla corta señala las horas.

On the face of the watch there are arabic numbers or roman numbers.
On dhe féis of dhe uátch dher ar árabic námbers or róman námbers.
En la esfera del reloj hay números arábigos o números romanos.

What time is it, sir?
Juát táim is itt, sœr?
¿Qué hora es, señor?

Twenty four hours make a day.
Tuénti fóor áuœrs méic e dey.
Veinte y cuatro horas hacen un día.

It is one o'clock,	two o'clock,	three o'clock, etc.
Itt is uœn oclóc,	*tu oclóc,*	*zri oclóc, etc.*
Es la una,	son las dos,	las tres, etc.

It is a quarter past four,	it is half-past four,	five o'clock.
Itt is e cuórter past fóor,	*itt is jœf-past fóor,*	*fáiv oclóc.*
Son las cuatro y cuarto,	son las cuatro y media,	las cinco.

It is five past five,	twenty past five,	five twenty five.
Itt is fáiv past fáiv,	*tuénti past fáiv,*	*fáiv tuénti fáiv.*
Son las cinco y cinco,	las cinco y veinte,	las cinco y veinte y cinco.

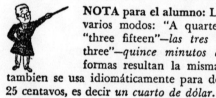

NOTA para el alumno: La hora se puede decir en inglés de varios modos: "A quarter past three"—*las tres y cuarto*, "three fifteen"—*las tres y quince*, "fifteen minutes past three"—*quince minutos después de las tres*; todas estas formas resultan la misma cosa. A propósito, *"a quarter"* tambien se usa idiomáticamente para denominar la pieza de moneda de 25 centavos, es decir *un cuarto de dólar.*

It is now twenty to six.
Itt is náu tuénti tu six.
Ahora faltan veinte para las seis.

How many minutes are there in an hour?
Jáu méni mínets ar dhéer in an áuœr?
¿Cuantos minutos hay en una hora?

In an hour there are sixty minutes,	thirty minutes in a half hour,
In an duœr dhéer ar síxti mínets,	*zœrti mínets in e jœf áuœr,*
En una hora hay sesenta minutos,	treinta minutos en media hora.

and in a quarter hour there are fifteen.
ænd in e quórter áuœr dhéer ar fíftin.
y en un cuarto de hora hay quince.

You come to school at eleven, and you leave at noon.
Iú cœm tu scul æt iléven, ænd iú líiv æt nun.
Ud. viene a la escuela a las once, y se va a medio día.

You have lunch at one.
Iú jæv lænch æt uæn.
Ud. almuerza a la una.

At what time do you come to school?
Æt juát táim du iú cæm tu scul?
¿A qué hora viene Ud. a la escuela?

I come at eleven.
Ái cæm æt iléven.
Vengo a las once.

At what time do you leave?
Æt juát táim du iú lliv?
¿A qué hora se va Ud.?

I leave at noon.
Ái lliv æt nun.
Yo me voy al medio día.

My lesson lasts one hour.
May léson læsts uæn áuær.
Mi lección dura una hora.

At what time do you have lunch?
Æt juát táim du iú jæv lænch?
¿A qué hora almuerza Ud.?

At one.
Æt uæn.
A la una.

Hanging on the wall of this room there is a clock which is not going.
Jánguing on dhe uól of dhis rum dhéer is e cloc juich is not góing.
Colgado en la pared de este cuarto hay un reloj que no anda.

One must wind it up.
Uæn mæst uáind itt æp.
Uno le debe dar cuerda.

I set it at the exact time: a quarter past eleven.
Ái set itt æt dhi exáct táim: e quórter past iléven.
Yo lo pongo a la hora exacta: las once y cuarto.

My watch doesn't run well.
May uátch dæsnt ræn uél.
Mi reloj no anda bien.

UNA COSA CURIOSA: Los relojes americanos *corren*—"run," al contrario de los relojes españoles que *andan*—"walk"; pues en inglés se dice: "My watch is running"—*Mi reloj está corriendo,* en español se dice: Mi reloj está andando. "My watch runs well"—*Mi reloj corre bien,* en español: Mi reloj anda bien. Hasta en esta simple expresión se refleja la costumbre americana de correr.

I go to the watchmaker's.
Ái góu tu dhe uátchmeikers.
Yo voy donde el relojero.

The watchmaker examines it.
Dhe uátchmeiker exámins itt.
El relojero lo examina.

He must change the spring.
Ji mæst chéinsh dhe spring.
Debe cambiarle el resorte.

"Your watch runs very well, now, sir", he says.
"Iúr uátch ræns véri uél, náu, sær", ji ses.
"Su reloj anda muy bien, ahora, señor", dice.

"It is neither fast nor slow".
"Itt is nídher fæst nor slóu".
"No está adelantado ni atrasado".

I thank him, but soon it stops again.
Ái zænc jim, bæt sun itt stops eguén.
Yo le doy las gracias, pero pronto se para de nuevo.

What time is it, Miss McCoy?   It is a quarter to twelve.
Juát táim is itt, Miss MacCoy?   *Itt is e quórter tu tuélv.*
¿Qué hora es, Srita. McCoy?   Falta un cuarto para las doce.

The pocket watch is bigger than the wrist watch.
Dhe póket uátch is bíguer dhan dhe rist uátch.
El reloj de bolsillo es más grande que el reloj de pulsera.

San Francisco is not so big as New York, but is bigger than New Orleans.
San Francisco is not so big as Niu Iórk, bæt is bíguer dhan Niú Órlians.
San Francisco no es tan grande como Nueva York, pero es más grande que
  Nueva Orleans.

New York is the biggest city in America.
Niú Iórk is dhe bíguest síti in América.
Nueva York es la ciudad más grande de América.

The rose has a good odor.   It has a better odor than the carnation.
Dhe róus jas e gud ódor.   *Itt jas e béter ódor dhan dhe carnéshœn*
La rosa tiene buen olor.   Tiene mejor olor que el clavel.

NOTA muy importante: El comparativo y el superlativo se
forman generalmente añadiendo al adjetivo los sufijos "er"
y "est". Ej.: "rich", "richer", "richest"—*rico, más rico, el más
rico;* "big", "bigger", "biggest"—*grande, más grande, el más
grande;* "small", "smaller", "smallest"—*pequeño, más pequeño, el más pequeño.* Sin embargo, los adjetivos de tres o más
sílabas como "beautiful", forman el comparativo y el superlativo con
los auxiliares "more"—*más,* y "most"—*el más, la más.* Ej.: "Julia is more
beautiful than Mary, but Matilde is the most beautiful of all".—*Julia es
más bella que María, pero Matilde es la más bella de todas.*

Fresh fruit is better than preserved.
Fresh frut is béter dhan prisérvd.
La fruta fresca es mejor que la conservada.

Green fruit is not so good as ripe.
Grin frut is not so gud as ráip.
La fruta verde no es tan buena como la madura.

Is black coffee good?
Is blæck cófi gud?
¿Es bueno el café negro?

Is coffee with sugar better than coffee without sugar?
Is cófi uídh shúgar béter dhan cófi uidháut shúgar?
¿Es el café con azúcar mejor que el café sin azúcar?

NOTA para el alumno: Algunos adjetivos forman el comparativo y superlativo de una manera irregular. Ej.: "good" —bueno, "better"—mejor, "best"—el mejor; "bad"—malo, "worse"—peor, "worst"—el peor; y otros más.

Your pen is good; it writes well.
Iúr pen is gud; itt ráits uél.
Su pluma es buena; escribe bien.

My pen is bad, it writes badly.
May pen is bæd, itt ráits bædli.
Mi pluma es mala, escribe mal.

Your pronunciation is good; you pronounce well.
Iúr pronunciéshœn is gud; iú pronáuns uél.
Su pronunciación es buena; pronuncia bien.

Mr. Taylor's pronunciation is not good; he pronounces badly.
Mr. Teylors pronunciéshœn is not gud; ji pronáunces bædli.
La pronunciación del Sr. Taylor no es buena; él pronuncia mal.

UN CONSEJO útil: Los adverbios terminan generalmente en "ly" como los nuestros en *mente.* Véase: "badly", "quickly", "suddenly", etc., *mal, rápidamente, repentinamente,* etc. La comparación se hace como los adjetivos, a saber, "quickly", "more quickly", "most quickly", etc. Hay algunos irregulares de los cuales "well", "better", "best", y "badly", "worse", "worst".

Does this knife cut well?
Dœs dhis náif cœt uél?
¿Corta bien este cuchillo?

No, this knife does not cut well; it cuts badly.
No, this náif dœs not cœt uél; itt cœts bædli.
No, este cuchillo no corta bien; corta mal.

You speak English well but you speak Spanish better than English.
Iú spic Ínglish uél bœt iú spic Spánish béter dhan Ínglish.
Usted habla inglés bien pero habla mejor español que inglés.

Do you speak English as well as Spanish?
Du iú spic Ínglish as uél as Spánish?
¿Habla Ud. inglés tan bien como español?

No, I do not speak English as well as Spanish.
No, Ái du not spic Ínglish as uél as Spánish.
No, yo no hablo inglés tan bien como español.

Mr. Berlitz wears glasses; you do not wear any.
Mr. Berlitz uérs gláses; iú du not uér éni.
El Sr. Berlitz usa anteojos; Ud. no los usa.

Do you see better than Mr. Berlitz?	Yes, I see better than Mr. Berlitz.
Du iú síi béter dhan Mr. Berlitz?	*Iés, Ái síi béter dhan Mr. Berlitz.*
¿Ve Ud. mejor que el Sr. Berlitz?	Sí, yo veo mejor que el Sr. Berlitz

PENSANDO EN INGLÉS
(Búsquense las contestaciones en la página 231)

1. Are there clocks in this room?
2. Where are the clocks?
3. Have you a wrist watch or a pocket watch?
4. Where do you put the pocket watch?
5. Of what metal is your watch?
6. Has your watch a second-hand?
7. How many hours make up a day?
8. How many seconds are there in a minute?
9. Is your watch fast?
10. What is this table made of?
11. Is this chair also of wood?
12. Is the table larger than the chair?
13. Is the picture longer than the wall?
14. Is the window as large as the door?
15. Is the jacket longer than the vest?
16. Is the peach better than the apple?
17. Do you pronounce French well?
18. Do you see well?
19. Does Mr. Berlitz see well without glasses?
20. Does he see better with glasses?

LESSON 25

In what season are we?
In juát síscen ar uí?
¿En qué estación estamos?

Here is a calendar.
Jiœr is e cǽlendœr.
He aquí un calendario.

It contains the three hundred and sixty-five days that form a year.
Itt contéins dhe zri jœndred œnd síxti-fáiv déis dhat fórm e yíer.
Contiene los trescientos sesenta y cinco días que forman un año.

The year is divided into twelve months and fifty-two weeks.
Dhe yíer is diváided intu tuélv monzs œnd fífti-tu uíks.
El año se divide en doce meses y cincuenta y dos semanas.

A week is composed of seven days which are called:
E uík is compóusd of séven déis juich ar cóold:
Una semana está compuesta de siete días los cuales se llaman:

NOTA sobre la gramática: La voz pasiva se expresa con el uso del participio pasado del verbo con el auxiliar "to be". *Así, se abre la puerta—*"the door is opened". *Se huelen las flores—*"The flowers are smelled". Desde luego Ud. no ha encontrado el participio pasado todavía, pero corresponde al uso de *cerrado, abierto, visto,* etc.

Monday, Tuesday, Wednesday, Thursday, Friday, Saturday, Sunday.
Móndei, Tiúsdei, Uénsdei, Zǽrsdei, Fráidei, Sátœrdei, Sǽndei.
Lunes, martes, miércoles, jueves, viernes, sábado, domingo.

During five or six days of the week, we work.
Diúring fáiv or six déis of dhe uík, uí uœrk.
Durante cinco o seis días de la semana, trabajamos.

The seventh day, Sunday, we do not work; it is a day of rest.
Dhe sévenz déi, Sǽndei, uí du not uœrk; itt is e déi of rest.
El séptimo día, domingo, no trabajamos; es un día de descanso.

The months are named: January, February, March, April, May,
Dhe monzs ar néimd: Yániueri, Fébrueri, March, Éipril, Méi,
Los meses se llaman: enero, febrero, marzo, abril, mayo,

June, July, August, September, October, November, December.
Yiún, Juléi, Ógœst, Septémber, Octóber, Novémber, Disémber.
junio, julio, agosto, septiembre, octubre, noviembre, diciembre.

> **Some of these months have 31 days,**
> *Sœm of dhiis monzs jœv 31 déis,*
> Algunos de estos meses tienen 31 días,

> **others have 30. February has only 28.**
> *œdhers jœv 30. Fébrueri jas ónli 28.*
> otros tienen 30. Febrero tiene solamente 28.

> **Every four years the month of February has 29 days,**
> *Éveri fóor yiers dhe monz of Fébrueri jas 29 déis,*
> Cada cuatro años el mes de febrero tiene 29 días,

> **and that year is called "leap year".**
> *œnd dhat yíer is cóold "líip-yíer".*
> y ese año se llama "bisiesto".

> **The year is divided into four seasons, called:**
> *Dhe yíer is diváided into fóor sísœns, cóold:*
> El año se divide en cuatro estaciones, llamadas:

OJO: El inglés tiende a usar más mayúsculas que el caste-
llano. Los que se interesan en la mecanografía deben
acordarse que en inglés los días de la semana y los meses se
escriben con mayúscula.

spring, summer, autumn, winter.
spring, sœmer, ótœm, uínter.
primavera, verano, otoño, invierno.

March, April and May are the spring months.
March, Éipril ænd Méi ar dhe spring mónzs.
Marzo, abril y mayo son los meses de la primavera.

June, July and August are the summer months.
Yiún, Yulái, ænd Ógœst ar dhe sœmer monzs.
Junio, julio y agosto son los meses del verano.

September, October and November are the autumn months.
Septémber, Octóber ænd Novémber ar dhe ótœm monzs.
Septiembre, octubre y noviembre son los meses del otoño.

December, January and February are the winter months.
Disémber, Yániueri ænd Fébrueri ar dhe uíntœr mónzs.
Diciembre, enero y febrero son los meses del invierno.

In summer, we go to the country or to the seashore, where it is cooler than
in the city.
*In sœmer, ui góu tu dhe cœntri or tu dhe sishor, juéer itt is cúler dhan in
dhe siti.*
En el verano, vamos al campo o a la costa del mar, donde hace más fresco
que en la ciudad.

At the seashore, we can swim in the ocean or lie on the beach.
Æt dhe sishor, ui cœn suim in dhe óshian or lái on dhe bíich.
En la costa del mar, podemos nadar en el océano o tendernos en la playa.

In winter we do not go to the country; we remain in the city.
In uinter ui du not góu tu dhe cœntri; ui riméin in dhe siti.
En invierno no vamos al campo; nos quedamos en la ciudad.

In spring we see many beautiful flowers.
In spring ui síi méni biútiful flauers.
En primavera vemos muchas flores hermosas.

In autumn the leaves change color and fall from the trees.
In ótœm dhe líius chéinsh cólor ænd fóol from dhe tríis.
En otoño las hojas caen de los árboles.

Autumn is the most beautiful season in the U. S.
Ótœm is dhe móust biútiful sísœn in dhe U. S.
El otoño es la más bella estación en los E. U.

In what month are we?	We are in September.
In juát monz ar ui?	*Ui ar in Septémber.*
¿En qué mes estamos?	Estamos en septiembre.

NOTA interesante: "Autumn" *otoño,* se llama también "fall" porque las hojas en esa estación *caen*—("fall")—de los árboles.

What day of the month is it today?	Today is the fifteenth.
Juát déi of dhe monz is itt tudéi?	*Tudéi is dhe fiftínz.*
¿Qué día del mes es hoy?	Hoy es quince.

What day is today?	Today is Thursday.
Juát déi is tudéi?	*Tudéi is Zœrsdei.*
¿Qué día es hoy?	Hoy es jueves.

Last month was the month of August.
Lœst monz uós dhe monz of Ógœst.
El mes pasado fué el mes de agosto.

This is the month of September; next month will be October.
Dhis is dhe monz of Septémber; next monz uil bi Octóber.
Este es el mes de septiembre; el próximo mes será octubre.

Today is Tuesday.	Yesterday was Monday.
Tudéi is Tiúsdei.	*Iésterdei uós Móndei.*
Hoy es martes.	Ayer fué lunes.

Tomorrow will be Wednesday.	Today is the fifteenth.
Tumórou uil bi Uénsdei.	*Tudéi is dhe fiftínz.*
Mañana será miércoles.	Hoy es quince.

Yesterday was the fourteenth.	Tomorrow will be the sixteenth.
Iésterdei uós dhe fortínz.	*Tumórou uil bi dhe sixtínz.*
Ayer fué catorce.	Mañana será diez y seis.

ATENCIÓN: ¿Vió que ya introdujimos un ejemplo del pasado "was" y uno del futuro "will be"? No se asusten, pues una explicación detallada vendrá dos lecciones más adelante.

If you wish to know the date, you look at the calendar.
If iú uish tu nóu dhe déit, iú luk æt dhe cælendær.
Si usted desea saber la fecha, usted mira al calendario.

On what date does Independence Day fall?
On juát déit dœs Indepéndens Déi fóol?
¿En qué fecha cae El Día de la Independencia?

It falls on the fourth of July.
Itt fóols on dhe forz of Yuldi.
Cae el cuatro de julio.

This day is the national holiday of the United States.
Dhis déi is dhe næshœnal jólidei of dhe Iunáited Stéits.
Este día es el día de fiesta nacional de los Estados Unidos.

NOTA sobre los días festivos: Aunque los E.E. U.U. no tienen tantas fiestas como los países hispanoamericanos, tienen algunas. Los días festivos más importantes son: el 4 de julio (Día de la Independencia), el 22 de febrero (Día de Washington), el primer lunes de septiembre (Día del Trabajo), y el último jueves de noviembre (Día de Gracias).

PENSANDO EN INGLÉS
(Búsquense las contestaciones en la página 231)

1. How many days are there in a year?
2. Of how many days is a week composed?
3. When does the year begin?
4. When does it end?
5. What is the first, third, fifth month of the year?
6. What are the seven days of the week?
7. What is the last day of the week called?
8. What day of the week is it today?
9. Was yesterday Sunday?
10. On what day do you go to church?
11. Will Friday be the fifteenth?
12. What day of the month is it today?
13. What day will next Monday be?
14. What day was last Monday?
15. Will tomorrow be the end of the month?
16. What time is it now?
17. During how many days do we work?
18. Do you work on Sunday?
19. What holiday falls on the fourth of July?

LESSON 26

Day and night
Déi ænd náit
El día y la noche

The twenty-four hours are divided into two parts:
Dhe tuénti-fóor dúœrs ar divdided íntu tu parts:
Las veinte y cuatro horas se dividen en dos partes:

the hours of the day and the hours of the night.
dhe dúœrs of dhe déi ænd dhe dúœrs of dhe náit.
las horas del día y las horas de la noche.

During the day it is light and we can see, but during the night
Diúring dhe déi itt is láit ænd uí cæn síi, bœt diúring dhe náit
Durante el día está claro y podemos ver, pero durante la noche

it is dark and we must turn on the light if we want to see.
itt is dark ænd uí mœst tœrn on dhe láit if uí uánt tu síi.
está obscuro y debemos encender la luz si queremos ver.

134

NOTA para el alumno: Es muy frecuente el uso de combinaciones de verbos con adverbios, formando de este modo un solo verbo, tales como: "turn on"—*encender*, "turn off"—*apagar*, "get up"—*levantarse*, "sit down"—*sentarse*, "go out" —*salir* y muchísimas más que encontrará a medida que vaya progresando en inglés. No se olvide de usar el adverbio en estos casos.

In this room it isn't light enough; turn on the light, please.
In dhis rum itt isnt láit inœf; tœrn on dhe láit, pliis.
En este cuarto no hay suficiente claridad; encienda la luz, por favor.

Now the electric light lights up the room.
Náu dhe eléctric láit láits œp dhe rum.
Ahora la luz eléctrica alumbra el cuarto.

Don't touch the light bulb because, though it has no flame, it can burn.
Dont tœch dhe láit bœlb bicós, dhóu itt jas no fléim, itt cœn bœrn.
No toque la bombilla porque, aunque no tiene llama, puede quemar.

We light the cigarette with a match.
Ui láit dhe sigarret uídh e mœtch.
Encendemos el cigarrillo con un fósforo.

We do not need matches to turn on the light.
Ui du not niid mátches tu tœrn on dhe láit.
No necesitamos fósforos para encender la luz.

If a small child lights a match, we say:
If e smóol cháild láits e mœtch, ui sey:
Si un niño pequeño enciende un fósforo, decimos:

"Be careful; don't burn yourself".
"Bi quéerful; dont bœrn iursélf".
"Tenga cuidado; no se queme".

UN CONSEJO útil: El reflexivo se forma agregando al verbo los pronombres "myself", "yourself", "himself", "herself" y sus plurales. Ej.: "I enjoy myself at the movies"—*yo me divierto en el cine.*

Is there enough light in the room now? Can you see us well?
Is dhéer inœf láit in dhe rum náu? Cœn iú sii œs uél?
¿Hay suficiente claridad en este cuarto ahora? ¿Puede Ud. ver bien?

Yes, sir, there is enough light now. I can see you well.
Iés, sœr, dhéer is inœf láit náu. Ái cœn sii iú uél.
Sí, señor, hay suficiente claridad ahora. Puedo verlo bien.

Generally during the day we do not use electric light.
Yénerali diúring dhe déi uí du not iús eléctric láit.
Generalmente durante el día no usamos luz eléctrica.

Turn off the light, please.
Tœrn of dhe láit, plíis.
Apague la luz, por favor.

What do you do?	**I turn off the light.**
Juát du iú du?	*Ai tœrn of dhe láit.*
¿Qué hace usted?	Yo apago la luz.

Is the light on or off now?	**The light is off.**
Is dhe láit on or of náu?	*Dhe láit is of.*
¿Está la luz encendida o apagada ahora?	La luz está apagada.

When do you turn on the light?	**I turn on the light when it is dark.**
Juén du iú tœrn on dhe láit?	*Ai tœrn on dhe láit juén it is dark.*
¿Cuándo enciende Ud. la luz?	Yo enciendo la luz cuando está obscuro.

The light of the day comes from the sun which is in the sky.
Dhe láit of dhe déi cœms from dhe sœn juich is in dhe skái.
La luz del día viene del sol, el cual está en el cielo.

Look out of the window.	**Do you see the blue sky above?**
Luk áut of dhe uíndou.	*Du iú sii dhe blu skái abœv?*
Mire por la ventana.	¿Ve arriba el cielo azul?

At night the sun is not visible; we cannot see it,
Æt náit dhe sœn is not visibl; uí cǽnot sii itt,
Por la noche el sol no está visible; no podemos verlo,

but we can see the moon and the stars.
bœt uí cæn sii dhe mun ænd dhe stars.
pero podemos ver la luna y las estrellas.

The stars are innumerable; they cannot be counted.
Dhe stars ar inniúmerabl; dhey cǽnot bi cáunted.
Las estrellas son innumerables; no se pueden contar.

¡OJO! Observe el uso de "can be" y "cannot be". Esta construcción de la voz pasiva se emplea a cada momento. Ej.: "She can't be found"—*No se le puede encontrar a ella,* "Can he be seen now?"—¿*Se le puede ver a él ahora?*

The first part of the day is called morning. It ends at twelve o'clock noon.
Dhe fœrst part of dhe déi is cóold mórning. Itt ends æt tuélv ocloc nun.
La primera parte del día se llama la mañana. Termina a las doce del día.

The last part of the day is called evening. It begins at 6 p.m.
Dhe last part of dhe déi is cóoled ivining. Itt biguins at 6 p.m.
La última parte del día se llama la noche. Empieza a las 6 p.m.

The time between twelve noon and 6 p.m. is called afternoon.
Dhe táim bituín tuélv nun ænd 6 p.m. is cóold áfternun.
El tiempo entre las doce del día y las 6 p.m. se llama la tarde.

In the morning the sun rises and it sets in the evening.
In dhe mórning dhe sœn ráises ænd itt sets in dhe ivining.
Por la mañana sale el sol y por la tarde se pone.

> **The place where the sun rises is called east,**
> *Dhe pléis juéer dhe sœn ráises is cóold iist,*
> El lugar por donde sale el sol se llama este,
>
> **and the place where it sets is called west.**
> *ænd dhe pléis juéer itt sets is cóold uést.*
> y el lugar por donde se pone se llama oeste.

Here are the four cardinal points; north, south, east and west.
Jíær ar dhe fóor cárdinal póints: norz, sáuz, iist, ænd uést.
He aquí los cuatro puntos cardinales: norte, sur, este y oeste.

In the summer the sun rises early, at 4 or 5, and the days are long;
In dhe sœ́mer dhe sœn ráises érli, at 4 or 5, ænd dhe déis ar long;
En verano el sol sale temprano, a las 4 o 5, y los días son largos;

in winter the sun rises late, and the days are short.
in uínter dhe sœn ráises léit, ænd dhe déis ar shóort.
en invierno el sol sale tarde, y los días son cortos.

The nights are therefore longer in winter than in summer.
Dhe náits ar dhéerfóor lóonguer in uínter dhan in sœ́mer.
Las noches son, por consiguiente, más largas en invierno que en verano.

At night, when we are sleepy, we go to bed, turn off the light and sleep.
Æt náit, juén ui ar sliipi, ui góu tu bed, tœrn of dhe láit ænd slíip.
En la noche, cuando tenemos sueño, nos acostamos, apagamos la luz, y nos dormimos.

> **In the morning we get up, we bathe,**
> *In dhe mórning ui guet œp, ui béidh,*
> En la mañana nos levantamos, nos bañamos,

we shave, we comb our hair, we dress, and we have breakfast.
ui shéiv, ui com áur jéar, ui dres, ænd ui jœv brékfást.
nos afeitamos, nos peinamos, nos vestimos y nos desayunamos.

> **Then we are ready to go to work.**
> *Dhen ui ar rédi tu góu tu uœ́rk.*
> Entonces estamos listos para ir a trabajar.

PENSANDO EN INGLÉS

(Búsquense las contestaciones en la página 232)

1. How are the 24 hours of the day divided?
2. When is it light?
3. Is it dark now?
4. From where does the light of the day come?
5. Where is the sun?
6. What lights this room at night?
7. What do we light at night to be able to see?
8. What do we see in the sky at night?
9. Where does the sun rise?
10. At what time does the sun rise in the month of March?
11. In what season are the days long?
12. In summer are the days longer than the nights?
13. In what season are the nights long?
14. When do we put on the light?
15. At what time do you generally go to bed?
16. At what time do you rise?
17. At what time do you have breakfast?
18. At what time do you begin to work?
19. At what time does your work end?
20. Do you like to work?

LESSON 27

How is the weather today?
Jáu is dhe uédhœr tudéi?
¿Cómo está el tiempo hoy?

What color is the sky?
Juát cólor is dhe skái?
¿De qué color es el cielo?

It is gray.
Itt is grey.
Es gris.

With what is the sky covered?
Uidh juát is dhe skái cœverd?
¿De qué está cubierto el cielo?

It is covered with clouds.
Itt is cœverd uidh cláuds.
Está cubierto de nubes.

What color are the clouds?
Juát cólor ar dhe cláuds?
¿De qué color son las nubes?

They are gray.
Dhey ar grey.
Son grises.

Now, it is raining.
Náu, itt is réining.
Ahora está lloviendo.

In winter snow falls.
In uínter snóu fóols.
En invierno cae nieve.

139

Snow is white.
Snóu is juáit.
La nieve es blanca.

When the sky is clear,
Juén dhe skái is clíœr,
Cuando el cielo está claro,

and the sun is shining,
œnd dhe sœn is sháining,
y el sol está alumbrando,

it is good weather.
itt is gud uédhœr.
hace buen tiempo.

It is raining.
Itt is réining.
Está lloviendo.

It is snowing.
Itt is snóuing.
Está nevando.

It is bad weather.
Itt is bœd uédhœr.
Hace mal tiempo.

When it rains we open our umbrella.
Juén itt réins uí ópen óur œmbréla.
Cuando llueve nosotros abrimos el paraguas.

What color is the sky when it rains?
Juát cólor is dhe skái juén itt réins?
¿De qué color es el cielo cuando llueve?

It is gray.
Itt is grey.
Es gris.

Does it rain frequently in April?
Dœs itt réin fricuentli in Éipril?
¿Llueve frecuentemente en Abril?

Yes, in April it rains frequently.
Iés, in Éipril itt réins frícuentli.
Sí, en Abril llueve frecuentemente.

NOTA sobre el clima: Si Ud. está proyectando un viaje a Nueva York o la costa este de los E.E. U.U., prepárese para los cambios repentinos y violentos de temperatura. El clima de Nueva York varía entre el clima ártico y trópical.

Does it snow in summer?
Dœs itt snóu in sœmer?
¿Nieva en verano?

No, in summer it never snows.
No, in sœmer itt néver snóus.
No, no nieva nunca en verano.

Does it snow in winter?
Dœs itt snóu in uinter?
¿Nieva en invierno?

Yes, in winter it snows often.
Iés, in uinter itt snóus ófen.
Sí, en invierno nieva a menudo.

OJO: Como se habrá notado, hay gran cantidad de palabras inglesas que no se pronuncian como se escriben, entre las cuales se encuentra "often". No hay regla para la pronunciación de estas palabras; se aprenden con la práctica, individualmente.

With what are the houses and streets covered when it snows?
Uidh juát ar dhe jáuses œnd stríits cœverd juén itt snóus?
¿De qué están cubiertas las cases y calles cuando nieva?

When it snows they are covered with snow.
Juén itt snóus dhey ar cǽverd uídh snóu.
Cuando nieva están cubiertas de nieve.

What sort of weather have we in March?
Judt sóort of uédher jæv ui in March?
¿Qué clase de tiempo tenemos en marzo?

Oh! It is very windy.
Oh! Itt is véri uíndi.
¡Oh! Es muy ventoso.

When we go out in the rain without an umbrella
Juén ui góu dut in dhe réin uidhdut an ǽmbréla
Cuando salimos en la lluvia sin un paraguas

or without a raincoat we get wet.
or uidhdut e réincoot ui guet uét.
o sin impermeable nos mojamos.

 NOTA para el alumno: Fíjese en el uso de "get wet"— *mojarse*. El verbo "to get" se emplea para la formación de una infinidad de verbos compuestos, por ejemplo: "to get sick"—*enfermarse*; "to get rich"—*enriquecerse*; "to get up"— *levantarse*; "to get tired"—*cansarse* y otros muchos.

Then we must take off our wet clothes and put on dry clothes.
Dhen ui mæst téic off dur uét clóudhs ænd put on drái clóudhs.
Entonces debemos quitarnos la ropa mojada y ponernos ropa seca.

If we don't take off our wet clothes we can catch cold.
If ui dont téic off dur uét clóudhs ui cæn cæch cóuld.
Si no nos quitamos la ropa mojada podemos resfriarnos.

Is it good weather today?
Is itt gud uédhœr tudéi?
¿Hace buen tiempo hoy?

Yes, it is good weather.
Iés, itt is gud uédhœr.
Sí, hace buen tiempo.

Do you go out when it is bad weather?
Du iú góu dut juén itt is bæd uédhœr?
¿Sale usted cuando hace mal tiempo?

No, I don't go out when it is bad weather, unless I have to.
No, Ái dont góu dut juén itt is bæd uédhœr, ænlés Ái jæv tu.
No, yo no salgo cuando hace mal tiempo, a menos que tenga que hacerlo.

In summer we put on light clothes.
In sœmer ui put on láit clóudhs.
En verano nos ponemos ropa ligera.

In winter we put on heavy ones.
In uínter ui put on jévi uœns.
En invierno nos ponemos gruesas.

In summer we open the windows and doors.
In sǽmer ui ópen dhe uíndous ǽnd dóors.
En verano abrimos las ventanas y las puertas.

In winter we sit near the radiator.
In uínter ui sitt niær dhe rédietœr.
En invierno nos sentamos cerca del radiador.

In summer it is warm.   In winter it is cold.
In sǽmer itt is uórm.   *In uínter itt is cóuld.*
En verano hace calor.   En invierno hace frío.

Do you wear an overcoat in winter?
Du iú uéer an overcóot in uínter?
¿Usa usted abrigo en invierno?

Yes, in winter I wear an overcoat.
Iés, in uínter Ái uéer an overcóot.
Sí, en invierno yo uso abrigo.

Is it warm in August?   Yes, in August it is very warm.
Is itt uórm in ógœst?   *Iés, in ógœst itt is véri uórm.*
¿Hace calor en agosto?   Sí, en agosto hace mucho calor.

Is it warm in the center of Africa?   Yes, it is always very warm there.
Is itt uórm in dhe sénter of África? *Iés, itt is ólueis uórm dhéer.*
¿Hace calor en el centro de África?   Sí, siempre hace mucho calor allí.

Is it cold at the North Pole?   Yes, it is very cold there.
Is itt cóuld æt dhe Norz Póul? *Iés, itt is véri cóuld dhéer.*
¿Hace frío en el Polo Norte?   Sí, allí hace much frío.

If we wear heavy clothes, we are warm.
If ui uéer jévi clóudhs, ui ar uórm.
Si usamos ropa gruesa, sentimos calor.

If in winter we go out without an overcoat, we are cold.
If in uínter ui góu áut uidháut an overcóot, ui ar cóuld.
Si salimos en invierno sin abrigo, sentimos frío.

Does one feel warm when one walks in the sun in summer?
Dœs uǽn fíil uórm juén uœn uóks in dhe sœn in sǽmer?
¿Siente uno calor cuando camina en el sol en verano?

Yes, one is very warm if one walks in the sun in summer.
Iés, uœn is véri uórm if uœn uóks in dhe sœn in sǽmer.
Sí, uno siente mucho calor cuando camina en el sol en verano.

Are we cold if the windows are open in winter?
Ar uí cóuld if dhe uíndous ar ópen in uínter?
¿Sentimos frío si las ventanas están abiertas en invierno?

In the house it is warm.
In dhe jáus itt is uórm.
En la casa hace calor.

In the street it is cold.
In dhe stríit itt is cóuld.
En la calle hace frío.

Touch the radiator.
Tœch dhe réidietœr.
Toque el radiador.

Is it hot or cold?
Is itt jot or cóuld?
¿Está caliente o frío?

It is hot.
Itt is jot.
Está caliente.

Are you hot or cold now?
Ar iú jot or cóuld náu?
¿Tiene Ud. calor o frío ahora?

I am neither hot nor cold; I am comfortable.
Ái æm nídher jot nor cóuld; Ái æm cœmfortabl.
No tengo calor ni frío; estoy bien.

Is it hot or cold in this room?
Is itt jot or cóuld in dhis rum?
¿Hace frío o calor en este cuarto?

It is neither hot nor cold; it is comfortable.
Itt is nídher jot nor cóuld; itt is cœmfortabl.
No hace ni calor ni frío; está bien.

NOTA importante: Póngase especial cuidado en las expresiones *hacer frío, hacer calor, tener frío* y *tener calor.* En inglés se dice: "To be cold"—*hacer frío, tener frío* y "To be hot"—*hacer calor, tener calor.* Ej.: "It is cold"—*hace frío* y "I am cold"—*yo tengo frío*; "It is hot"—*hace calor,* "I am hot"—*yo tengo calor.* Nótese también—"The stove is hot"—*La estufa está caliente.*

At the North Pole it is as cold as at the South Pole.
Æt dhe Norz Póul itt is as cóuld as æt dhe Sáuz Póul.
En el Polo Norte hace tanto frío como en el Polo Sur.

It is always cold; it is never hot.
Itt is ólueis cóuld; itt is névœr jot.
Siempre hace frío; nunca hace calor.

In New York it is cold in winter and it is warm in summer.
In Niú Iórk itt is cóuld in uínter ænd is uórm in sœmer.
En Nueva York hace frío en invierno y hace calor en verano.

Sometimes it is cold; sometimes it is hot.
Sǽmtaims itt is cóuld; sǽmtaims itt is jot.
Algunas veces hace frío; algunas veces hace calor.

In Washington sometimes it snows in winter but never in summer.
In Uáshington sǽmtaims itt snóus in uínter bœt névœr in sǽmer.
En Washington nieva algunas veces en invierno, pero nunca en verano.

¡CUIDADO! En inglés, al contrario del español, las frases negativas no se forman con una doble negación, sino solamente con una. Ej.: "In August it never snows"—*En agosto no nieva nunca.* Si se usa la forma negativa "does not", debe cambiarse entonces "never" por "ever". Ej.: "It doesn't ever snow in August"—*Nunca nieva en agosto.*

Does it sometimes snow in March?
Dœs itt sǽmtaims snóu in March?
¿Nieva algunas veces en Marzo?

Yes, it sometimes snows in March.
Iés, itt sǽmtaims snóus in March.
Sí, algunas veces nieva en Marzo.

Does it sometimes snow in August?
Dœs itt sǽmtaims snóu in Ógost?
¿Nieva algunas veces en Agosto?

No, in August it never snows.
No, in Ógost itt névœr snóus.
No, en Agosto no nieva nunca.

In London it often rains.
In Lóndon itt ófen réins.
En Londres llueve a menudo.

In Los Angeles it rarely rains.
In Los Ányeles itt réerli réins.
En Los Angeles llueve raramente.

They have wonderful weather there.
Dhey jǽv uǽnderful uédher dhéer.
Tienen un magnífico clima allí.

¡ALGO curioso! Notarán ustedes que en los E.E. U.U. tienen su manera especial de pronunciar los nombres de las ciudades etc. que antes fueron españolas, que no las reconocerían nunca sus fundadores. Así, Florida se pronuncia *Flaórida*, y otras más.

In New York if it doesn't rain enough,
In Niú Iórk if itt dœsnt réin inœf,
En Nueva York si no llueve suficientemente,

they fill the reservoirs with artificial rain.
dhey fil dhe résœrvuars uidh artifishiœl réin.
llenan los depósitos con lluvia artificial.

PENSANDO EN INGLÉS

(Búsquense las contestaciones en la página 232)

1. What color is the sky when the weather is bad?
2. What is the sky covered with?
3. Is it raining now?
4. What falls from the sky in winter?
5. Do you like to walk along the street when it is raining?
6. What do you carry in your hand when it rains?
7. How is the weather today?
8. Do you go out when it is bad weather?
9. Is it cold at the North Pole?
10. In what months does it snow?
11. Does it often snow in February?
12. Does it often snow in April?
13. Where does the rain come from?
14. Is it pleasant to walk when it rains?
15. In what months do we wear heavy clothes?
16. How is the weather in Los Angeles generally?
17. Where do you sit to warm yourself?
18. When does the sun shine?

LESSON 28

A little history
E litl jístori
Un poco de historia.

FRANK: Good morning Alfred.   How are you?
Gud mórning Álfred.   *Jáu ar iú?*
Buenos días Alfredo.   ¿Cómo estás?

ALFRED: Very well, thank you.   And you?
Véri uél, zænk iú.   *Ænd iú?*
Muy bien, gracias.   ¿Y tú?

FRANK: Tired.   I went to bed late last night.
Táird.   *Ái uént tu bed léit læst náit.*
Cansado.   Me acosté tarde anoche.

ALFRED: Why?   Did you study your lesson too much?
Udy?   *Did iú stǽdi iúr léson tu mœch?*
¿Por qué?   ¿Estudiaste demasiado la lección?

FRANK: I did not have time to study.   I went to Robert's house,
Ái did not jæv táim tu stǽdi.   *Ái uént tu Róberts jáus,*
No tuve tiempo de estudiar.   Fuí a casa de Roberto,

146

and from there we went to the movies together.
ænd from dhéer uí uént tu dhe múvis tuguédher.
y de allí fuimos juntos al cine.

NOTA de gramática: La formación del pretérito indefinido
es verdaderamente fácil. A la mayoría de los verbos se
les añade simplemente "d" o "ed". Ej.: "Lived"—*viví*,
"learned"—*aprendí*, etc. Sin embargo, casi todos los verbos
de uso más común forman su pasado de una manera irregular, como "see"—"saw", "go"—"went", "write"—"wrote" y muchos más.
Sería más fácil si todos formaran su pasado con "d", pero no siendo así
tendremos que aprender las excepciones.

ALFRED: Did you see a good picture?
   Did iú sii e gud píkchær?
   ¿Vieron una buena película?

FRANK: We saw a new picture with Bing Crosby.
   Uí sóo e níu píkchær uidh Bing Crósbi.
   Vimos una película nueva de Bing Crosby.

   It was very amusing, and Bing sang well.
   Itt uæs véri amiúsing, ænd Bing sæng uél.
   Fué muy divertida, y Bing cantó bien.

ALFRED: What did you do afterwards?
   Juát did iú du áfteruœrds?
   ¿Qué hiciste después?

FRANK: After the movies we went to a party at Eleanor's house.
   Áfter dhe múvis uí uént tu e párti æt Élinors jáus.
   Después del cine fuimos a una fiesta en casa de Leonor.

ALFRED: Who was there? Anyone I know?
   Ju uæs dhéer? Éniuœn Ái nóu?
   ¿Quiénes estuvieron allí? ¿Alguien que yo conozca?

¡OJO! Para la formación de las frases interrogativas en el
pasado debe emplearse el auxiliar "did" (pasado de "do").
Ej.: "Did you go?"—¿*Fué usted?*, "Did you eat with him?"—
¿*Comió con él?*, etc. De igual modo, "did" se usa para la
formación del negativo en el pasado. Ej.: "I did not see
him"—*Yo no lo vi a él*. De igual manera, se usa "did" para la formación
del pasado en las frases negativas. Ej.: "I did not see him"—*Yo no lo vi*.
"He didn't come"—*El no vino* (Nótese la contracción). Todos los verbos
necesitan del auxiliar "did" para la formación de estas frases negativas en
el pasado, excepto los verbos "to have", "to be" y "can". Ej.: "They had

not enough money"—*Ellos no tuvieron suficiente dinero*; "Aída wasn't at
home when I called"—*Aida no estuvo en casa cuando yo llamé.*

FRANK: Helen, Charles, John,
Jélen, Charls, Ion,
Elena, Carlos, Juan,

and many other friends were there, all from the school.
ænd méni ǽdher frenʊ́s uǽr dhéer, óol from dhe scúul.
y muchos otros amigos estuvieron allí, todos de la escuela.

First, we listened to a question and answer program,
Fǽrst, ui lissǽnd tu e cuésticen ænd ánscer prógram,
Primero, escuchamos un programa de preguntas y respuestas,

then we played some new records on the phonograph.
dhen ui pleyd sœm niú récords on dhe fónograf.
después tocamos unos nuevos discos en el fonógrafo.

We danced until midnight,
Ui dænsd œntil midnait,
Bailamos hasta la media noche,

then Eleanor prepared a supper which we enjoyed very much.
dhen Élinor pripérd e sǽper juich ui enyóid véri mœch.
luego Leonor preparó una cena que disfrutamos con mucho agrado.

ALFRED: I can well imagine....
Ái cæn uél imǽyin....
Ya me puedo imaginar....

FRANK: Here comes the teacher. Let's go into the class.
Jícer cœms dhe tícher. Lets góu intu dhe clas.
Aquí viene el profesor. Lets góu íntu dhe clas.

(in the class)
(*in dhe clas*)
(en la clase)

PROFESSOR: Today we shall have a review of some historical dates.
Tudéi ui shæl jæv e riviú of sœm jistórical déits.
Hoy tendremos un repaso de algunas fechas históricas.

Bell, in what year did the Pilgrims arrive in Massachusetts?
Bel, in juát yier did dhe Pílgrims arráiv in Masachúsets?
Bell, ¿en qué año llegaron los Peregrinos a Massachusetts?

ALFRED: Well...Columbus arrived in the Caribbean islands in 1492....
Uél...Colǽmbœs arráivd in dhe Caribian áilands in 1492....
Bueno...Colón llegó a las islas del Caribe en 1492....

PROFESSOR: I did not ask you anything about Columbus....
Ái did not æsk iú énizing abáut Colǽmbœs....
Yo no le pregunté nada acerca de Colón....

Answer my question.
Ánscer may cuéstiœn.
Conteste mi pregunta.

ALFRED: ... (silence)
... *(sáilens)*
... (silencio)

PROFESSOR: Bertin, do you know?
Bertin, du iú nóu?
Bertín, ¿sabe usted?

FRANK: The Pilgrims arrived at Plymouth on the Mayflower in 1620.
Dhe Pilgrims arráivd æt Plímœz œn dhe Meyflauœr in 1620.
Los Peregrinos llegaron a Plymouth en el barco Mayflower en 1620.

PROFESSOR: Right. Now Alfred, tell us something about Abraham Lincoln.
Ráit. Náu Álfred, tel œs sǽmzing abáut Ébrajam Líncœn.
Muy bien. Ahora, Alfredo, díganos algo acerca de Abraham Lincoln.

ALFRED: Abraham Lincoln was one of our greatest presidents.
Ébrajam Líncœn uœs uœn of áur gréitest présidents.
Abraham Lincoln fué uno de nuestros más grandes presidentes.

He brought the Civil War to a successful conclusion.
Ji bróot dhe Sívil Uóor tu e sœcsésful conclúshiœn.
Él llevó la Guerra Civil a un feliz término.

He was born in...
Ji uœs born in...
Nació en...

PROFESSOR: Don't you know when he was born or when he died?
Dont iú nóu juén ji uœs born or juén ji dáid?
¿No sabe usted cuándo nació o cuándo murió?

ALFRED: No, sir, I do not know the exact year.
No, sœr, Ái du not nóu dhi exáct yíer.
No, señor, no sé el año exacto.

PROFESSOR: Bertin, do you know?
Bertin, Du iú nóu?
Bertín, ¿sabe usted?

FRANK: He was born in Kentucky in 1809;
Ji uœs born in Kentǽki in 1809;
Nació en Kentucky en 1809;

¡ATENCIÓN! La voz pasiva de los verbos se forma con el auxiliar "to be" y el pasado del verbo de que se trata. Ej.: "My son was educated at Yale"—*Mi hijo se educó en Yale.*

He died in Washington in 1865 where he was shot in a theater.
Ji dáid in Uáshington in 1865 juéer ji uás shot in e ziæter.
Murió en Washington en 1865 donde lo mataron a tiros en un teatro.

PROFESSOR: Well, I see someone studied the lesson last night.
Uél, Ái síi sǽmuæn stǽdid dhe léson læst náit.
Bueno, veo que alguien estudió anoche la lección.

(after the lesson)
(*áfter dhe léson*)
(después de la lección)

ALFRED: How did you know the answers to those questions?
Jáu did iú nóu dhe ánsærs tu dhóus cuésticæns?
¿Cómo supiste las contestaciones a esas preguntas?

I didn't study last night, but you didn't either.
Ái dídnt stǽdi læst náit, bæt iú dídnt ídhær.
Yo no estudié anoche, pero tú tampoco.

FRANK: I told you that at Eleanor's house we listened
Ái tóuld iú dhæt æt Élinors jáus ui lísend
Yo te dije que en casa de Leonor escuchamos

to a question-and-answer program for a while.
tu e cuésticæn ænd ánsær prógram for e uáil.
un programa de preguntas y respuestas por un rato.

ALFRED: So that explains it. From now on I am going to listen
Sóu dhæt expléins itt. From náu on Ái æm góing tu lísen
De modo que eso lo explica. De ahora en adelante iré a escuchar

to those programs. Perhaps I can learn something.
tu dhóus prógrams. Perjǽps, Ái cæn lern sǽmzing.
esos programas. Talvez pueda aprender algo.

UNAS PALABRAS MENOS para aprender: El tuteo ya no se usa en inglés. Se trata a todo el mundo de "you", ya sea amigo, padre, hijo, criado, superior, inferior, esposo, esposa o animal doméstico. El tuteo inglés (thee, thy, thou, etc.) ha desaparecido por completo, y se usa solamente en las oraciones religiosas, poesías y en algunas gramáticas anticuadas.

PENSANDO EN INGLÉS
(Búsquense las contestaciones en la página 233)

1. When did the Pilgrims first arrive in Massachusetts?
2. Who was Christopher Columbus?
3. Who was Abraham Lincoln?   4. How did he die?
5. Did Alfred study his history lesson?
6. Where did Frank go after the movies?
7. Whom did he find at the party?
8. What question did the teacher ask Alfred?
9. Did Alfred know the correct answer?
10. At what time do you wake up in the morning?
11. At what time did you wake up yesterday?   12. When did you get up?
13. What did you do before your breakfast?
14. What suit did you put on?
15. Did you wash yourself with cold water?
16. Did you dress in a hurry?   17. Did you have your breakfast early?
18. Did you take milk in your coffee?
19. Did you receive any letters last week?   20. Did you answer them?
21. Did you take a walk yesterday?   22. Where did you go?
23. Did you hear many concerts last winter?
24. Did you laugh much at the movies last night?

LESSON 29

Madam has gone out
Madam jæs gon áut
La señora ha salido

(The telephone rings. **The butler answers.)**
(*Dhe télefon rings. Dhe bætler ánsœrs.*)
(El teléfono suena. El mayordomo responde.)

VOICE: Miss Valerie Seary?
VÓIS: *Mis Váleri Síri?*
LA VOZ: ¿La señorita Valerie Seary?

BUTLER: I am sorry, sir, she has already gone.
BÆTLER: *Ái ǽm sórri, sær, shi jas olrédi góon.*
MAYORDOMO: Lo siento, señor, ella ya se ha ido.

VOICE: Are you sure she has left?
Ar iú shur shi jas left?
¿Está seguro de que ha salido?

152

It is very important that I speak to her
Itt is véri impórtant dhat Ái spic tu jœr
Es muy importante que yo le hable a ella

about the new motion picture she has been making.
abdut dhe niú móshœn pikchœr shi jas biin méiking.
acerca de la nueva película que ella está haciendo.

NOTA importante: El pretérito perfecto en inglés se forma exactamente como en español. Ej.: "I have seen"—*Yo he visto*, "He has eaten"—*Él ha comido, etc.* La única dificultad consiste en que hay muchos participios pasados irregulares que se aprenderán con el uso. (¡Ojalá!)

BUTLER: I have already informed you, sir, that she has departed.
Ái jœv olrédi infórmd iú, sœr, dhat shi jas dipárted.
Ya le he informado a Ud., señor, que ella se ha ido.

Her trunks have all been packed and sent to the ship.
Jœr trœnks jœv óol biin pœkd œnd sent tu dhe ship.
Sus baúles han sido empacados y enviados al barco.

Who is this, please?
Ju is dhis, pliis?
¿Quién es, por favor?

VOICE: This is Mr. Bertin, a reporter from the "New York Times".
Dhis is Mr. Bertin, e repórter from dhe "Niú Iórk Táims".
Éste es el Sr. Bertín, cronista del "Tiempo de Nueva York".

We wanted to get an interview with Miss Seary
Uí uánted tu guet an interviú uidh Miss Síri
Queríamos tener una entrevista con la Srita. Seary

before she sailed for Australia.
bifór shi séild for Ostréilia.
antes que ella saliera para Australia.

BUTLER: I think that you have called too late, Mr. Bertin,
Ái zinc dhœt iú jœv cóold tú léit, Mr. Bertin,
Creo que ha llamado demasiado tarde, Sr. Bertín,

the ship was supposed to sail at 4 p.m. and it is 3:30 now.
dhe ship uœs supóusd tu séil œt 4 p.m. œnd itt is 3:30 náu.
el barco debía salir a las 4 p.m. y son las 3:30 ahora.

If they have not already taken up the gangplank,
If dhey jæv not olrédi téiken œp dhe gǽngplank,
Si no han levantado ya el puente,

you may be able to reach her.
iú méi bi éibl tu riich jœr.
Ud. puede alcanzarla.

NOTA para el alumno: Fíjese en el uso de "supposed to" (deber). Además de este significado tiene otros usos idiomáticos muy importantes. Ej.: "He is supposed to be a millionaire"—*Se cree que es millonario.*

BERTIN: **Thank you very much.**
Zænk iú véri mœch.
Muchísimas gracias.

I spoke to her about this interview two weeks ago,
Ái spóuk tu jœr abáut dhis interviú tu uiks egó,
Yo le hablé a ella acerca de esta entrevista hace dos semanas,

but I haven't been able to get her on the phone all week.
bœt Ái jævnt bin éibl tu guet jœr on dhe fon óol uik.
pero no he podido procurarla en el teléfono en toda la semana.

DOS PALABRAS IMPORTANTES: La palabra "ago" aunque es un adverbio tiene el significado del verbo *hacer* en sentido del pasado. Ej.: "I saw him two months ago"— *Lo vi a él hace dos meses.*
    "To get", en la frase tiene el sentido de *procurar,* que es su sentido básico. Este verbo se oye constantemente en inglés, muchas veces en combinación con un adjetivo o preposición para formar así otros verbos.

BUTLER: **No wonder. Miss Seary has been very busy packing,**
No uónder. Mis Síri jas bin véri bisi pǽking,
No es extraño. La Srita. Seary ha estado muy ocupada empacando,

and also she has had to visit the consulate
ænd ólso shi jas jæd tu visit dhe cónsuleit
y también ha tenido que visitar el consulado

to have her passport visaed.
tu jæv jœr pásport vised.
para visar su pasaporte.

BERTIN: **Has she told you how long she intends to stay in Australia?**
Jas shi tóuld iú jáu lóong shi inténds tu stéi in Ostréilia?
¿Le ha dicho ella cuánto tiempo piensa permanecer en Australia?

BUTLER: **Madam said nothing to me about the length of her stay.**
Mádam sed nǽzing tu mi abáut dhe lengz of jœr stéi.
La señora no me dijo nada acerca del tiempo que durará su estadía.

Excuse me, sir, but if you wish to catch the boat you must hurry.
Exquiús mi, sœr, bœt if iú uish tu cœch dhe bóut iú mœst jœrri.
Dispénseme, señor, pero si Ud. desea coger el bote debe darse prisa.

BERTIN: **That's right! Thank you for the information.**
Dhœts ráit. Zœnc iú for dhe informéshœn.
Muy bien. Gracias por la información.

PENSANDO EN INGLÉS
(Búsquense las contestaciones en la página 255)

1. Has the professor gone to sleep in the hammock?
2. Has he kept his shoes on?
3. Has he taken off his coat?
4. Where has he put the coat?
5. Has the teacher finished drinking the lemonade?
6. Where has he placed the glass?
7. Where has he dropped the newspaper?
8. Have you bought a new suit this season?
9. Have you read the New York Times today?
10. Has your sister read the English book?
11. Who has called up Miss Seary?
12. Has he spoken to her this week?
13. Has she left the apartment?
14. Where has she gone to?
15. Have the trunks been sent to the ship?
16. Where has she decided to go this year?
17. Has the boat left yet?
18. Have you traveled in Europe?
19. Have you gone to New York this year?
20. Have you seen the beautiful window displays along Fifth Avenue?

LESSON 30

What will happen tomorrow?
Juát uíl jǽpen tumórou?
¿Qué sucederá mañana?

MRS. TYSON: At what time will you get up tomorrow morning?
Mísis Táison: Æt juát táim uíl iú guet œp tumórou mórning?
SEÑORA DE TYSON: ¿A qué hora te levantarás mañana?

MR. TYSON: Tomorrow morning, I shall not get up **early.**
Tumórou mórning, Ái shæl not guet œp ǽrli.
Mañana por la mañana no me levantaré temprano.

MRS. TYSON: Why not?
Udy not?
¿Por qué no?

MR. TYSON: Tomorrow will be a holiday. It is Election **Day.**
Tumórou uíl bi e jólidei. It is Elécshœn Déi.
Mañana será día de fiesta. Es día de las Elecciones.

No one is going to the office.
No uœn is góing tu dhe ófis.
Nadie irá a la oficina.

NOTA sobre el futuro: ¡El futuro es facilísimo! Se forma anteponiendo al verbo el auxiliar "shall" para la primera persona del singular y del plural y "will" para las demás. Ej.: "I shall go, he will see, we shall dance, etc.". Nótense bien las contracciones "I'll, he'll, we'll, etc.", que son muy frecuentes y absolutamente correctas en la conversación. También se usa el "presente del progresivo" inglés para la formación del futuro, Ej.: "Tomorrow Graham is going to the races"—*Mañana Graham va a las carreras de caballos.*

MRS. TYSON: **Oh, that is fine! We need a short rest.**
Oh, dhæt is fáin! Uí níid e shóort rest.
¡Oh, eso está muy bien! Necesitamos un pequeño descanso.

Let's go to the beach.
Lets góu tu dhe biich.
Vamos a la playa.

MR. TYSON: **That will be all right if I don't have to rise too early.**
Dhæt uil bi óol ráit if Ái dont jæv tu ráis túu érli.
Eso estará muy bien si no tengo que levantarme demasiado temprano.

MRS. TYSON: **I'll call Jane and Bill tonight,**
Áil cóol Yéin ænd Bil tunáit,
Llamaré a Juana y Guillermo esta noche,

and see if they wish to come with us.
ænd sii if dhey uish tu cæm uidh æs.
para ver si desean venir con nosotros.

MR. TYSON: **I don't think they will want to come.**
Ái dont zınc dhey uil uánt tu cæm.
Yo no creo que ellos quieran venir.

Jane told me last night that tomorrow she would have to stay home
Yéin tóuld mı læst náit dhæt tumórou shi úud jæv tu stéi jóum
Juana me dijo anoche que mañana tendría que permanecer en casa

with her new baby.	**I am sorry that they won't come.**
uidh jœr niú béibi.	*Ái æm sórri dhæt dhey uónt cæm.*
con su niño recién nacido.	Siento que ellos no puedan venir.

NO SE OLVIDE: "Won't" es la contracción de "will not". Esta contracción es muy usada en la conversación y debe por consiguiente acostumbrarse a ella.

By the way, will the car be ready?
Bái dhe uéi, uíl dhe car bi rédi?
A propósito, ¿estará listo el carro?

MRS. TYSON: I'll telephone the garage now, and tell them
Áil télefon dhe garásh náu ænd tel dhem
Telefonearé al garaje ahora, y les diré

to be sure to check the gas and tires.
tu bi shiúr tu chek dhe gæs ænd táicers.
de asegurarse de revisar la gasolina y las llantas.

MR. TYSON: I'll be ready to go by 11 o'clock, tomorrow.
Áil bi rédi tu góu bái iléven oclóc tumórou.
Estaré listo para ir mañana como a las 11.

Can David go with us?   Will his school be closed?
Cæn Déivid góu uidh œs?   *Uíl jis scul bi clóusd?*
¿Puede David ir con nosotros?   ¿Estará cerrada su escuela?

¡OJO! "Can" no tiene futuro; se forma con el verbo "be able"—*ser capaz*, y los auxiliares correspondientes al futuro. Ej.: "I shall be able, you will be able, etc."—*Yo podré, Ud. podrá, etc.* Hay otros verbos que también carecen de futuro, como "may"—*poder*, (en el sentido de permiso), "must"—*deber*, (en el sentido de deber), y "ought"—*deber*, (en el sentido de obligación).

MRS. TYSON: He won't be able to come; his school will be open.
Jı uónt bi éibl tu cœm; jis scul uil bi ópen.
El no podrá venir; su escuela estará abierta.

MR. TYSON: I hope he won't be disappointed.
Ái jóup jı uónt bi disapóinted.
Espero que él no se decepcione.

MRS. TYSON: Why don't you go to bed early, so we shall be able
Uáy dont iú góu tu bed œ́rli, sou ui shæl bi éibl
¿Por qué no te acuestas temprano, de modo que podamos

to leave the first thing in the morning?
tu líiv dhe fœrst zing in dhe mórning?
salir temprano en la mañana?

NOTA sobre el sueño: En inglés no hay un verbo especial para "acostarse", se dice sencillamente "to go to bed"—*ir a la cama.* De esto se deduce que los del Norte se mantienen tan ocupados que no tienen tiempo para acostarse.

MR. TYSON: That's a good idea.
Dhæts e gud aidía.
Ésa es una buena idea.

That way we'll get to Easthampton by noon.
Dhæt uéy uil guet tu Istjǽmpton bay nun.
De ese modo llegaremos a Easthampton al mediodía.

MRS. TYSON: We'll be able to spend the day on the beach.
Uíl bi éibl tu spend dhe déi on dhe bíich.
Podremos pasar el día en la playa.

Let's take a picnic lunch.
Lets téic e picnic lænch.
Llevemos un almuerzo campestre.

(The telephone rings.)
(Dhe télefon rings.)
(El teléfono suena.)

(Mr. Tyson answers it and speaks a minute.)
(Mr. Táison ánsærs itt ænd spics e mínet.)
(El Sr. Tyson lo contesta y habla un minuto.)

MRS. TYSON: Who was that?
Ju uós dhæt?
¿Quién era?

MR. TYSON: That was the office.
Dhæt uǽs dhe ófis.
Era la oficina.

My secretary said that the office will be open a half-day tomorrow.
Mái sécretári sed dhæt dhe ófis uil bi ópen e jæf-déi tumórou.
Mi secretaria dijo que la oficina estará abierta medio día mañana.

What a shame! After we made all our plans.
Juát e shéim! Áfter ui méid óol áur plæns.
¡Qué lástima! Después que hicimos todos nuestros planes.

MRS. TYSON: Why don't you go to the country anyway?
Uáy dont iú góu tu dhe cǽntri éniuey?
¿Por qué no vas Ud. al campo de todas maneras?

Mr. Tyson: **All right, I will. We will go to the country in any case.**
Óol ráit, Ái uil. Uí uil góu tu dhe cǽntri in éni kéis.
Muy bien, iré. Iremos al campo de todos modos.

Mrs. Tyson: **Fine! I'm sure we'll have a better time.**
Fáin! Am siúr uil jæv e béter táim.
¡Muy bien! Estoy segura que lo pasaremos mejor.

 **NOTA** importante: Cuando se usa el futuro expresando una decisión o determinación para hacer algo, se invierte el uso de "shall" y "will" usando "will" para la primera persona del singular y del plural y "shall" para las demás. Ej.: "We will fight in defense of our country"—*Pelearemos en defensa de nuestra patria.*

Shall I be a movie star some day?

What shall we eat tonight at Mrs. Wiggs' house?

Will the professor come to dinner on time this evening?

PENSANDO EN INGLÉS
(Búsquense las contestaciones en la página 234)

1. Where will the teacher go this evening?
2. Will Mrs. Wiggs be home tonight?
3. Who will come to dinner at Mrs. Wiggs'?
4. Will Mr. Tyson get up late tomorrow?
5. Why will he not go to his office?
6. How many days will you work next week?
7. What shall we do on the other day?
8. Where will the Tysons go tomorrow?
9. Are they going to invite Jane and Bill?
10. Will they go by car?
11. When will the car be ready?
12. Who will check the gas and tires?
13. Does the telephone call change their plans?
14. Will you travel to the United States soon?
15. How will you go?
16. Shall we eat lunch together next week?
17. On what day do you want me to call you?
18. Shall I invite Bill to come with us?
19. Where shall we meet?

LESSON 31

The animals
Dhe ánimals
Los animales

The horse, the cow and the dog are domestic animals.
Dhe jors, dhe cáo ænd dhe dog ar doméstic ánimals.
El caballo, la vaca y el perro son animales domésticos.

Here is a lion, a tiger, an elephant, a wolf.
Jíær is e láion, e táiguer, an élefant, e uúlf.
He aquí un león, un tigre, un elefante, un lobo.

They are wild animals.   The domestic animals work for man.
Dhey ar uáild ánimals.   *Dhe doméstic ánimals ucérk for mæn.*
Son animales salvajes.   Los animales domésticos trabajan para el hombre.

The dog watches the house.   The cat hunts mice.
Dhe dog uátches dhe jáus.   *Dhe cæt jœnts máis.*
El perro cuida la casa.   El gato caza ratones.

163

The horse pulls the wagon.
Dhe jors puls dhe uágon.
El caballo tira el carro.

The cow gives us milk.
Dhe cáo guivs œs milk.
La vaca nos da leche.

But the wild animals live in the jungle and are dangerous.
Bœt dhe uáild ánimals liv in dhe yœngl œnd ar déinyerœs.
Pero los animales salvajes viven en la selva y son peligrosos.

The horse has four legs, and the tiger has four paws.
Dhe jors jas fóor legs, œnd dhe táiger jas fóor póos.
El caballo tiene cuatro patas, y el tigre tiene cuatro garras.

They both run, walk and jump.
Dhey boz rœn, uók œnd yœmp.
Ambos corren, andan y saltan.

The eagle, the sparrow, the rooster and the hen are birds.
Dhi ígl, dhe spárou, dhe rúster œnd dhe jen ar bœrds.
El águila, el gorrión, el gallo y la gallina son aves.

Birds have two legs to walk on and two wings to fly with.
Bœrds jœv tu legs tu uók on œnd tu uíngs tu flái uidh.
Las aves tienen dos patas para andar y dos alas para volar.

Animals walk and run on the ground.
Ánimals uók œnd rœn on dhe gráund.
Los animales andan y corren en el suelo.

Birds fly in the air.
Bœrds flái in dhe éer.
Los pájaros vuelan en el aire.

Our head is covered with hair.
Áur jed is cóverd uidh jéer.
Nuestra cabeza está cubierta de pelo.

NOTA para el alumno: Aunque "with" quiera decir *con* se traduce arriba por *de*. Este es un buen ejemplo de cómo una palabra equivalente en dos idiomas puede tener un uso distinto.

The body of animals is covered with fur.
Dhe bódi of ánimals is cœverd uidh fœr.
El cuerpo de los animales está cubierto de piel.

Birds' bodies are covered with feathers.
Bœrds bódis ar cóverd uidh fédhers.
El cuerpo de los pájaros está cubierto de plumas.

Fish stay in the water.
Fish stéi in dhe uóter.
Los peces permanecen en el agua.

They have neither legs nor wings.
Dhey jæv nídher legs nor uings.
No tienen patas ni alas.

They have fins and move by swimming.
Dhey jæv fins ænd muv bay suíming.
Tienen aletas y se mueven nadando.

Their body is covered with scales.
Dher bódi is cǽverd uidh squéils.
Su cuerpo está cubierto de escamas.

The shark is the most dangerous fish, because it is very ferocious.
Dhe shark is dhe móust déinyerœs fish, bicós itt is véri feróshiœs.
El tiburón es el pez más peligroso, porque es muy feroz.

Man-eating sharks are sometimes seen off the coast of Florida.
Mæn íting sharks ar sǽmtaims siin off dhe cóost of Flárida.
Los tiburones que comen hombres se ven algunas veces por las costas de Florida.

If you see a shark where there are
If iú sii e shark juéer dhéer ar
Si Ud. ve un tiburón donde hay

people swimming, you warn them.
pípœl suíming, iú uórn dhem.
gente nadando, usted les avisa.

You cry: "Look out for the shark!"
Iú crái: "Luk áut for dhe shark!"
Ud. grita: "¡Cuidado con el tiburón!"

 NOTA importante: He aquí algunas expresiones necesarias para emergencias. Apréndalas ahora porque al necesitarlas no tendrá tiempo para consultar el vocabulario al fin de este libro.

"Help!"—*¡Socorro!*   "Run!"—*¡Corra!*
"Stop!"—*¡Alto!*   "Look out!"—*¡Cuidado!*
"Bravo!"—*¡Olé!*   "I love you!"—*¡Te amo!*
"Police!"—*¡Policía!*

The snake is a reptile and has no legs; it crawls on the ground.
Dhe snéik is e réptail ænd jas no legs; itt cróols on dhe gráund.
La culebra es un reptil y no tiene patas; se arrastra por tierra.

The frog is an amphibian; it can live in the water and on the ground.
Dhe frog is an amfíbian; itt cæn liv in dhe uótœr ænd on dhe gráund.
La rana es un anfibio; puede vivir en el agua y en la tierra .

Among the insects there are butterflies, flies and mosquitoes.
Amǽng dhe insécts dhéer ar bǽterfláis, fláis ænd mosquítos.
Entre los insectos hay mariposas, moscas y mosquitos.

The bee, which produces honey, and the silk-worm,
Dhe bii, juich prodiúces jóni, ænd dhe silk-uórm,
La abeja, que produce miel, y el gusano de seda,

which produces silk, are useful.
juich prodiúces silk, ar iúsful.
que produce seda, son útiles.

The fly and the mosquito are useless and unpleasant.
Dhe flái ænd dhe mosquíto ar iúsles ænd œnplésant.
La mosca y el mosquito son inútiles y desagradables.

They don't produce anything, but, on the contrary, are harmful
Dhey dont prodiús énizing, bœt, on dhe cóntrari, ar jármful.
No producen nada, sino, al contrario, son nocivos.

Some people like to hunt animals or birds.
Sœm pípl láik tu jœnt ánimals or bœrds.
A algunas personas les gusta cazar animales o pájaros.

Many years ago hunters killed so many buffaloes in the western part of the
Méni yiers egóo jœnters kiild so méni bǽfalos in dhe uéstern part œv dhe
Hace muchos años los cazadores mataron tantos búfalos en el oeste de los

U. S. that today there remain only a few alive.
U. S. dhœt tudéi dhéer riméin ónli e fiú œláiv.
E. U. que hoy quedan solamente pocos vivos.

Men and almost all animals have five senses with which they can
Men ænd ólmoust óol ánimals jœv fáiv sénses uidh juich dhey can
El hombre y casi todos los animales tienen cinco sentidos con los cuales
pueden

see, hear, smell, taste and touch.
sii, jíœr, smel, téist ænd tœch.
ver, oir, oler, gustar y tocar.

We see with our eyes.	**We hear with our ears.**
Uí sii uidh áur áis.	*Uí jíœr uidh áur íœrs.*
Vemos con nuestros ojos.	Oímos con nuestros oídos.

We smell with the nose.
Uí smel uidh dhe nóus.
Olemos con la nariz.

With the tongue and the palate we taste food and drink.
Uidh dhe tœng œnd dhe pálet ui téist fúud œnd drink.
Con la lengua y el paladar gustamos los alimentos y las bebidas.

Sight shows us the color, the form,
Sáit shóus œs dhe cólor, dhe fóorm,
La vista nos muestra el color, la forma,

the dimensions, the location and the position of objects.
dhe diménshiœns, dhe lokéshiœn œnd dhe posishiœn of óbyects.
las dimensiones, el lugar y la posición de los objetos.

Through hearing, we perceive sounds and noises.
Zru jíœring, ui perciv sáunds œnd nóises.
A través del oído, percibimos los sonidos y los ruidos.

Through touch we feel the coldness of ice,
Zru tœch ui fíil dhe cóuldnes of dis,
Por medio del tacto, sentimos el frío del hielo,

the heat of the radiator, and pain when we hurt ourselves.
dhe jíit of dhe rédietœr, œnd péin juén ui jœrt aursélves.
el calor del radiador, y dolor cuando nos lastimamos.

Moreover, through the touch we perceive if an object is soft or hard.
Móorover, zru dhe tœch ui perciv if an óbyect is soft or járd.
Además, por medio del tacto percibimos si un objeto es blando o duro.

We breathe air.   We breathe with the lungs.
Ui bríidh éer.   *Ui bríidh uidh dhe lœngs.*
Respiramos aire.   Respiramos con los pulmones.

The lungs are in the chest.
Dhe lœngs ar in dhe chest.
Los pulmones están en el pecho.

We eat with the mouth.
Ui íit uidh dhe máuz.
Comemos con la boca.

Food goes down into the stomach, which digests it.
Fud gœs dáun intu dhe stœmac, juich dáiyests itt.
El alimento desciende a nuestro estómago, que lo digiere.

If I cut myself, a red liquid flows out of the wound; it is blood.
If Ái cœt maisélf, e red lícuid flóos áut of dhe uúnd; itt is blœd.
Si yo me corto, un líquido rojo sale de la herida; es sangre.

Blood circulates through the whole body.
Blœd sírkiuleits zru dhe jóol bódi.
La sangre circula a través de todo el cuerpo.

It is the heart that makes the blood circulate.
Itt is dhe jart dhæt méiks dhe blæd sírkiuleit.
El corazón hace circular la sangre.

The heart is in the chest.
Dhe jart is in dhe chest.
El corazón está en el pecho.

If one digests well, if one breathes well,
If uæn daiyésts uél, if uæn briidhs uél,
Si uno digiere bien, si uno respira bien,

and if the circulation of the blood is good,
ænd if dhe sirkiuléishæn of dhe blæd is gud,
y si la circulación de la sangre es buena,

one is in good health, one is well.
uæn is in gud jelz, uæn is uél.
uno está en buena salud, uno está bien.

If one digests badly, if the respiration
If uæn daiyésts bádli, if dhe respiréshiæn
Si uno digiere mal, si la respiración

or the circulation of the blood is not normal, one is ill.
or dhe sirkiuléshiæn of dhe blæd is not nórmal, uæn is il.
o la circulación de la sangre no es normal, uno está enfermo.

Then one needs to call a doctor.
Dhen uæn niids tu cóol e dóctor.
Entonces uno necesita llamar un doctor.

 ¿CÓMO SE SIENTE? Hablando de la salud, aquí tiene
algunas expresiones que le serán útiles:
"I have a headache".—*Tengo dolor de cabeza.*
"I have a toothache".—*Tengo dolor de muelas.*
"I want some medicine".—*Quiero una medicina.*
"I feel better now".—*Me siento mejor ahora.*

PENSANDO EN INGLÉS
(Búsquense las contestaciones en la página 234)

1. What must animals do to live?
2. What do we need to live?
3. What are the five senses?
4. What are the names of the principal domestic animals?
5. With what do we breathe?
6. Where do fish live?
7. How does the serpent move about?
8. Why is the bee a useful insect?
9. Name the principal wild animals.
10. How many paws has a dog?
11. How many legs has a bird?
12. What do the animals do with their legs?
13. Where do the birds fly?
14. Do fish swim in the ocean?
15. Can we live without eating and breathing?
16. What color is the blood?
17. What makes the blood circulate?
18. Where is the heart?
19. Is your health good?
20. If you eat too much, will you digest easily?

LESSON 32

Man and his emotions
Mæn ænd jis imóshiœns
El hombre y sus emociones

Man resembles the animals;
Mæn resémbls dhe ánimals;
El hombre se parece a los animales;

he must eat, drink and breathe.
ji mæst íit, drink ænd bríidh.
debe comer, beber y respirar.

But man is different from the animals
Bæt mæn is díferent from dhe ánimals
Pero el hombre es diferente de los animales

because he speaks and thinks.
bicóos ji spics ænd zincs.
porque habla y piensa.

We think with the brain, which is in the head.
Uí zinc uídh dhe bréin, juích is in dhe jed.
Nosotros pensamos con el cerebro, el cual está en la cabeza.

The brain is the organ of thought.
Dhe bréin is dhe órgan of zóot.
El cerebro es el órgano del pensamiento.

170

In what ways are we similar to the animals?
In juát uéys ar ui similar tu dhi ánimals?
¿En qué somos iguales a los animales?

Like them we must eat, drink and breathe.
Láic dhem ui mæst iit, drink ænd briidh.
Como ellos nosotros debemos comer, beber y respirar.

What is it that principally distinguishes man from the animals?
Juát is itt dhæt prínsipli distínguishes mæn from dhi ánimals?
¿Qué es lo que principalmente distingue al hombre de los animales?

Speech and thought.
Spíich ænd zóot.
El habla y el pensamiento.

We think of things both present and absent.
Uí zinc œv zings boz présent ænd ǽbsent.
Pensamos en cosas presentes y ausentes.

In our brain we have images called ideas.
In áur bréin ui jæv ímæyes cóold aidías.
En el cerebro tenemos imágenes llamadas ideas.

We speak to communicate our ideas to other persons.
Uí spic tu comiúnikeit áur aidías tu œdher pérsons.
Hablamos para comunicar nuestras ideas a otras personas.

Now you are thinking of your lesson.
Náu iú ar zinking of iúr léson.
Ahora usted piensa en su lección.

What are you doing now?
Juát ar iú dúing náu?
¿Qué hace usted ahora?

You are learning English.
Iú ar lǽrning Ínglish.
Usted aprende inglés.

The teacher teaches.
Dhe tícher tíches.
El profesor enseña.

The pupil learns.
Dhe piúpil lœrns.
El alumno aprende.

Last year did you learn French?
Læst yícer did iú lœrn French?
¿Aprendió usted francés el año pasado?

Unfortunately, I did not.
Œnfórchunetli, Ái did not.
Desgraciadamente, no lo aprendí.

I tried to, but I hadn't such a good book as this one.
Ái tráid tu, bœt Ái jádnt sœch e gud buk as dhis uœn.
Traté de hacerlo, pero no tenía un libro tan bueno como éste.

UNA expresión útil: "Such a good book", se emplea aquí no solamente como propaganda para este libro, sino para mostrarles una construcción idiomática importante. Otro ejemplo: "She is such a beautiful girl!"—*¡Ella es una muchacha tan bonita!*

When we have learned something well, we know it.
Juén ui jæv lœrnd sómzing uél, ui nóu itt.
Cuando hemos aprendido algo bien, lo sabemos.

You know how to count, you know how to write,
Iú nóu jáu tu cáunt, iú nóu jáu tu ráit,
Usted sabe contar, usted sabe escribir,

because you have learned it.
bicóos iú jæv lœrnd itt.
porque lo ha aprendido.

You know that I have a watch, because you have seen it.
Iú nóu dhæt Ái jæv e uátch, bicóos iú jæv síin itt.
Usted sabe que yo tengo un reloj, porque usted lo ha visto.

You have learned many English words
Iú jæv lœrnd méni Ínglish uærds
Usted ha aprendido muchas palabras inglesas

but you have forgotten some of them.
bæt iú jæv forgóten sœm of dhem.
pero usted ha olvidado algunas de ellas.

In man, the sensations and the emotions
In mæn, dhe senséshiœns ænd dhi imóshiœns
En el hombre, las sensaciones y las emociones

are more (highly) developed than in the animals.
ar móor (jáili) divélœpt dhæn in dhi ánimals.
están más desarrolladas que en los animales.

The animals usually love their young ones,
Dhi ánimals iúshuali lov dhéer iœng uœns,
Los animales generalmente aman a sus hijos,

but the love of our mother for us is much stronger.
bæt dhe lov of áur mædher for œs is mœch strónguer.
pero el amor de nuestra madre por nosotros es más fuerte.

We like to see a nice picture.
Ui láik tu síi e náis píkchœr.
Nos gusta ver un cuadro bonito.

We like beauty; on the contrary, we do not like ugliness.
Uí láik biúti; on dhe cǽntrari, uí du not láik ǽglines.
Nos gusta la belleza; por el contrario, no nos gusta la fealdad.

NOTA sobre el amor: Hay dos palabras para *querer* o *amar*. "Like" implica más bien *gustar*. Ej.: "I like dogs"— *Me gustan los perros*. "Love" equivale a *querer*. Ej.: "Tell me, does she really love him?"—*Dígame, ¿lo quiere ella de veras?*

We feel some repugnance on touching dirty things.
Uí fíil sœm repǽgnans on tǽching dǽrti zings.
Nosotros sentimos cierta repugnancia al tocar cosas sucias.

Fear is another emotion.
Fíœr is anódher imóshiœn.
El miedo es otra emoción.

Small animals fear large ones.
Smóol ánimals fíœr larsh uǽns.
Los animales pequeños tienen miedo de los grandes.

Children fear darkness.
Chíldren fíœr dárknes.
Los niños temen la obscuridad.

Are girls afraid of frogs, snakes and mice?
Ar gœrls œfréid of frogs, snéiks œnd máis?
¿Tienen miedo las muchachas de las ranas, culebras y ratones?

Yes, they are afraid of them.
Iés, dhéi ar œfréid of dhem.
Sí, ellas les tienen miedo.

When a person has no fear we say he is brave.
Juén e person jas no fíœr uí séi ji is bréiv.
Cuando una persona no tiene miedo, se dice que es valiente.

Our soldiers were brave during the war.
Áur sólyiœrs uœr bréiv diúring dhe uór.
Nuestros soldados fueron valientes durante la guerra.

You like to see and to hear pleasant things.
Iú láik tu síi œnd tu jíœr plésant zings.
A usted le gusta ver y oír cosas agradables.

If you see a beautiful play or hear good music, you like it.
If iú síi e biútiful pléi or jíœr gud miúsic, iú láik itt.
Si usted ve una hermosa obra u oye una buena música. a usted le gusta.

When your teacher tells you that your exercise
Juén iúr tícher tels iú dhæt iúr éxersáis
Cuando su profesor le dice a usted que su ejercicio

is well done, you are happy about it.
is uél dœn, iú ar jǽpi abáut itt.
está bien hecho, usted está contento de eso.

You are pleased.
Iú ar plíisd.
A usted le agrada.

We are annoyed when noise prevents us from sleeping.
Uí ar anóid juén nóis privénts œs from slíiping.
Nos molesta el ruido cuando nos impide dormir.

We are displeased when we have to wait a long time
Uí ar displíisd juén uí jæv tu uéit e long táim
Nos disgustamos cuando tenemos que esperar mucho tiempo

for a seat at the movies.
for e síit æt dhe múvis.
por un asiento en el cine.

When small children are annoyed, they cry.
Juén smóol chíldren ar anóid, dhey crái.
Cuando se molesta a los niños, ellos lloran.

But adults show their annoyance in other ways.
Bœt ádults shóu dhéer anóians in ódhœr uéis.
Pero los adultos demuestran su contrariedad en otras formas.

In any case it is better to laugh than to get angry or to be sad.
In éni kéis itt is béter tu læf dhæn tu guet ángri or tu bi sæd.
En todo caso es mejor reír que enojarse o entristecerse.

¡OJO! "To get angry"—*enojarse,* demuestra el uso de "get"
en el sentido de *llegar a ser.* Ej.: "Are you getting tired?"—
¿Se está cansando usted?

PENSANDO EN INGLÉS
(Búsquense las contestaciones en la página 234)

1. Why is the teacher happy?
2. Is Peggy happy?
3. Why is she crying?
4. Is Mrs. Wiggs sad?
5. Is man superior to animals in all things?
6. Can one speak correctly without thinking?
7. What are you learning now?
8. Have you learned to dance?
9. Do you know the name of the president of the United States?
10. Do I know how many stars there are in the sky?
11. Do we know what the weather will be next week?
12. Does the teacher know the distance from Washington to New York?
13. Have you learned German?
14. Do you still know it?
15. Have you forgotten it?
16. Have you a good memory?
17. Are you pleased when you see that the weather will be good?
18. Are you pleased to leave the city in the summer?
19. Are you afraid to walk in the dark?

LESSON 33

The meeting
Dhe míting
El encuentro

(On board a plane en route to Miami.)
(On bord e pléin en rut tu Maiámi.)
(A bordo de un avión rumbo a Miami.)

RODRÍGUEZ: Stewardess! May I speak to you a moment, please?
Stiúardes! Méi Ái spiik tu iú e móment, pliis?
¡Señorita! ¿Puedo hablarle un momento, por favor?

STEWARDESS: Certainly, Sir. What is it?
STIÚARDES: Sœrtenli, Sœr. Judt is itt?
AEROMOZA: Claro que sí, señor. ¿Qué hay?

RODRÍGUEZ: Can you tell me the name of the gentleman sitting in the second
Cæn iú tel mi dhe néim of dhe yéntlmæn siting in dhe sécœnd
¿Puede usted decirme el nombre del caballero sentado en el segundo

seat on this side of the aisle? I think I know him,
síit on dhis sáid ov dhe áil. Ái zinc Ái nóu jim,
asiento de la en este lado del pasillo? Yo creo que lo conozco.

176

but I can't see him very well from here.
bœt Ai cænt síi jim véri uél from jíœr.
pero no puedo verlo muy bien desde aquí.

STEWARDESS: Just a moment. Here is the passenger list.
Yœst e móment. Jíœr is dhe pásenyœr list.
Un momento. Aquí está la lista de pasajeros.

Let me see; I think he is George Roper:
Let mi síi; Ai zinc ji is Yorsh Róuper:
Déjeme ver; yo creo que es Jorge Roper:

RODRÍGUEZ: That's it! It's my old friend Roper:
Dhæts itt! Its may óuld frend Róuper:
¡Eso es! ¡Es mi viejo amigo Roper:

> (He goes to where his friend is sitting)
> *(Ji gœs tu juéer jis frend is siting)*
> (Él va donde está sentado su amigo)

ROPER: Luís! What a coincidence! I thought you were still in Mexico!
Luis! Judt e cóincidens! Ai zot iú uœr stil in México!
¡Luis! ¡Qué coincidencia! ¡Yo creí que estabas todavía en México!

RODRÍGUEZ: Hello, George! I am delighted to see you! Please sit down here;
Jelóu, Yorsh! Ai æm diláited tu síi iú! Pliis sitt dáun jíœr;
¡Hola, Jorge! ¡Encantado de verte! Por favor siéntate aquí;

this seat is vacant. I was going to look you up in New York.
dhis sit is véikent. Ai uœs góing tu luk iú œp in Niú Iórk.
este asiento está desocupado. Yo iba a buscarte en Nueva York.

ROPER: But you found me on the plane! Did you leave directly from Mexico?
Bœt iú fáund mi on dhe pléin! Did iú liiv diréctli from México?
¡Pero me encontraste en el avión! ¿Saliste directamente de México?

 NOTA sobre cortesía: Aunque los dos amigos se tutean en español, no lo hacen en inglés. No existe la forma de *tú* en la conversación inglesa.

RODRÍGUEZ: Yes. I am eventually going to Yale University
Iés. Ai æm evéntchuali góing tu Iéil Iunivérsiti
Sí. Finalmente iré a la Universidad de Yale

to finish my medical studies. But first I plan to see New York.
tu fínish may médical stœdiis. Bœt fœrst Ai plæn tu síi Niú Iórk.
a terminar mis estudios médicos. Pero primero tengo el plan de conocer Nueva York.

Tell me, did you get on board in Havana?
Tel mi, did iú guet on bord in Javána?
Dime, ¿tomaste el avión en la Habana?

ROPER: Yes, that's why I didn't see you. Everyone was in such a hurry
Iés, dhæts uáy Ái didnt sii iú. Éveriuœn ués in sœch e jǽrri
Sí, por eso no te vi. Todos tenían tanta prisa

to get seats that I could not get one back by the door.
tu guet siits dhæt Ái cud nott guet uœn bæk bay dhe dóor.
para coger asientos que no pude coger uno atrás, cerca de la puerta.

RODRÍGUEZ: Will you be in Miami long?
Uíl iú bi in Maiámi long?
¿Estarás largo tiempo en Miami?

ROPER: Only overnight. If you are staying too, let's go into New York together.
Ónli óvernáit. If iú ar stéing túu, lets góu intu Niú Iórk tuguédher.
Solamente pasaré la noche. Si tú te quedas también, entremos juntos en Nueva York.

RODRÍGUEZ: That will be fine! I am really fortunate
Dhæt uíl bi fáin! Ái æm ríli fórtiunet
¡Eso será muy bueno! Soy realmente afortunado

to have found such an excellent guide.
tu jæv fáund sœch an éxselent gáid.
de haber encontrado tan excelente guía.

* * * *

STEWARDESS: We are coming into Miami now. Will you please fasten your seat belts?
Uí ar cǽming intu Maiámi náu. Uíl iú pliis fǽsen iúr siit belts?
Estamos entrando ahora en Miami. ¿Quieren, por favor, abrocharse los cinturones del asiento?

Have you made out your customs declaration?
Jæv iú méid áut iúr cœstœms declaréshiœn?
¿Han hecho sus declaraciones de aduana?

ROPER: That won't be necessary as I have a diplomatic passport.
Dhæt uónt bi nésesæri as Ái jæv e diplomátic pásport.
Eso no será necesario pues tengo un pasaporte diplomático.

RODRÍGUEZ: You fellows in the diplomatic service are lucky!
Iú félous in dhe diplomátic sérvis ar lǽki!
¡Ustedes los del servicio diplomático son afortunados!

The rest of us always have to fill out so many forms when we travel.
Dhe rest of æs ólueis jæv tu fil áut so méni forms juén uí trável.
El resto de nosotros tenemos que llenar tantos requisitos cuando
viajamos.

ROPER: If you have any trouble with the customs at Miami,
If iú jæv éni trœbl uidh dhe cǽstœms æt Maiámi,
Si tienes alguna dificultad con la aduana en Miami,

I'll try to facilitate things for you.
Áil trái tu fasíliteit zings for iú.
yo trataré de arreglarte las cosas.

RODRÍGUEZ: Thank you. Look, George, that must be Miami.
Zænk iú. Luk, Yorsh, dhæt mœst bi Maiámi.
Gracias. Mira, Jorge, eso debe ser Miami.

How blue the water is and what fine white buildings!
Jáu blu dhe uóter is ænd juát fáin judit bíldings!
¡Qué azul es el agua y qué bonitos edificios blancos!

ROPER: What you see below is Miami Beach. Miami itself is on the other
Juát iú síi bilóu is Maiámi Bíich. Maiámi itself is on dhe ódher
Lo que ves abajo es La Playa de Miami. Miami misma está al otro

side of that lake, with the two roads running across. Do you see it now?
sáid of dhæt léik, uidh dhe tu róods rœning acrós. Du iú síi itt náu?
lado de ese lago, con los dos caminos que la atraviesan. ¿La ves ahora?

 ¡ATENCIÓN! "Myself", "yourself", "himself", "herself",
"itself", "themselves", "ourselves", se emplean para dar
énfasis a la persona referida. Ej.: "I did it myself"—*Lo hice
yo mismo.*

RODRÍGUEZ: Yes, what a big city! Do we land here?
Iés, juát e big síti! Du uí lænd jíœr?
Sí, ¡qué gran ciudad! ¿Aterrizamos aquí?

ROPER: The airport is a little inland. I'll wait until you are through
Dhe érport is e lítl inlænd. Áil uéit œntíl iú ar zru
El aeropuerto está un poco adentro. Esperará hasta que termines

and we'll take a taxi into the city together.
ænd uíl téic e tæxi íntu dhe cíti tuguédhœr.
y tomaremos un taxi para entrar juntos a la ciudad.

STEWARDESS: Please fasten your seat belts. We are landing.
Pliis fásen iúr siit belts. Uí ar lánding.
Por favor abróchense los cinturones. Estamos aterrizando.

RODRÍGUEZ: What is she doing now with that bomb? What a terrible smell!
Juát is shi dúing náu uídh dhæt bom? Juát e térribl smel!
¿Qué está haciendo ella ahora con esa bomba? ¡Qué olor más terrible!

ROPER: That is a chemical spray to kill any insects we may have brought
    from the tropics.
*Dhæt is e kémical spréi tu kil éni insects ui méi jæv bróot from dhe
    trópics.*
Eso es un atomizador químico para matar cualquier insecto que
    podamos haber traído de los trópicos.

NOTA sobre la gramática: Obsérvese cómo el inglés emplea
palabras especiales como "may", "might", "can", "could",
"should", "would", etc., para expresar los tiempos compuestos, sean subjuntico, condicional o infinitivo.

STEWARDESS: (as the plane lands) Kindly keep your seats until the pilot
    leaves the ship.
*(as dhe pléin lænds) Káindli kíip iúr síits æntil dhe páilot líivs dhe
    ship.*
(mientras el avión aterriza) Tengan la bondad de permanecer en sus
    asientos hasta que el piloto salga del avión.

Then all passengers please go to quarantine and then
Dhen óol pásænyers pliis góu tu quárentain ænd dhen
Después todos los pasajeros vayan por favor a la cuarentena y entonces a

to immigration and customs.
tu immigréshiæn ænd cæstœms.
la inmigración y a la aduana.

ROPER (to Rodríguez): Don't forget! I'll be waiting for you out in front.
(tu Rodríguez): Dont forguet! Áil bi uéiting for iú áut in frœnt.
(a Rodríguez): ¡No te olvides! Te estaré esperando afuera.

PENSANDO EN INGLÉS
(Búsquense las contestaciones en la página 235)

1. Where is Mr. Rodríguez going?
2. Does he think he knows one of the other passengers on the plane?
3. Who is the girl to whom he speaks?
4. Where did Roper get on board the plane?
5. Was Rodríguez already on it?
6. Why will Rodríguez go to the United States?
7. What papers must the passengers fill out while they are still on the plane?
8. What city do the travelers see from the air?
9. What is the difference between Miami and Miami Beach?
10. What does the stewardess say when the plane lands?
11. Where must the passengers go first?
12. Does it usually take much time to go through customs?
13. Can you go to the United States without a passport?
14. What kind of a passport has Rodríguez?
15. Has Roper an American passport?
16. Has Rodríguez been in the United States before?
17. Have you ever been there?
18. What city do you prefer to visit?

LESSON 34

Arrival in Miami
Arráival in Maiámi
Llegada a Miami

(At immigration.)
(*Æt immigréshiœn.*)
(En la inmigración.)

IMMIGRATION INSPECTOR (to Rodríguez): **Passport please.**
(*tu Rodríguez*): *Pǽsport pliis.*
(a Rodríguez): El pasaporte por favor.

RODRÍGUEZ: **Here it is, Sir.**
Jiœr itt is, Sœr.
Aquí está, señor.

IMMIGRATION INSPECTOR: (indicating a lady passenger behind Rodríguez):
Is this lady your wife?
(*indiquéiting e léidi pásanyœr bijáind Rodríguez*): *Is dhis léidi iùr uáif?*
(indicando a una pasajera detrás de Rodríguez): ¿Es esta señora su esposa?

RODRÍGUEZ: **Oh no, sir, I have not had the pleasure of meeting her.**
Oh no, sœr, Ái jæv not jæd dhe pléshiœr of míting jœr.
Oh no, señor, no he tenido el placer de conocerla.

I am traveling alone.
Ái æm tráveling alóun.
Yo viajo solo.

IMMIGRATION INSPECTOR: **Is this your first trip to the U.S.A.?**
Is dhis iúr fœrst trip tu dhi U.S.A.?
¿Es éste su primer viaje a los E. U.?

How long will you be here?
Jáu long uil iú bi jíœr?
¿Cuánto tiempo estará aquí?

RODRÍGUEZ: **Yes, it is my first visit. I shall be here one year.**
Iés, itt is may fœrst vísit. Ái shæl bi jíœr uœn yíœr.
Sí, ésta es mi primera visita. Estaré aquí un año.

I am taking post-graduate work in medicine.
Ái æm téiking post-grádueit uœrk in médisin.
Estoy haciendo trabajos de post-graduado, en medicina.

IMMIGRATION INSPECTOR: **Your passport is in order.**
Iúr pásport is in órder.
Su pasaporte está en orden.

I hope you enjoy your stay here.
Ái jóup iú enyói iúr stéi jíœr.
Espero que goce de su estadía aquí.

Please step into the next room for baggage inspection.
Pliis step intu dhe next rum for bágguesh inspécshiœn.
Por favor entren en el próximo cuarto para la inspección del equipaje.

(At Customs.)
(Æt Cæstœms.)
(En la Aduana.)

CUSTOMS INSPECTOR: **Are these your bags? Open them, please.**
Ar dhiis iúr bægs? Open dhem, pliis.
¿Son éstas sus maletas? Ábralas, por favor.

RODRÍGUEZ: **I have only personal effects with me.**
Ái jæv ónli pérsonal efécts uidh mi.
Solamente tengo conmigo efectos personales.

CUSTOMS INSPECTOR: What are these books about?
Juát ar dhíis bucs abáut?
¿De qué tratan estos libros?

RODRÍGUEZ: They are some text books that I shall need for my medical
course.
Dhey ar sæm text bucs dhæt Ái shæl níid for may médical cors.
Son unos libros de texto que necesitaré para mi curso de medicina.

CUSTOMS INSPECTOR: All right! Porter! These bags have been cleared.
Óol ráit! Pórter! Dhíis bægs jæv bíin clíird.
¡Bueno! ¡Portero! Estas maletas han sido revisadas.

Take them to the taxi.
Téik dhem tu dhe táxi.
Llévelas al taxi.

(To Rodríguez) Good luck to you with your medical course!
(Tu Rodríguez) Gud læk tu iú uídh iúr médical cors!
(A Rodríguez) ¡Buena suerte en su curso médico!

RODRÍGUEZ: Thank you very much!
Zænk iú véri mæch!
¡Muchísimas gracias!

(At the taxistand)
(Æt dhe táxistand)
(En la estación de taxis)

TAXI CHAUFFEUR: Taxi, Sir?
Táxi, Sœr?
¿Taxi, señor?

RODRÍGUEZ (to a chauffeur): Have all the passengers
(tu e shofœr): Jæv óol dhe pásænyers
(a un chofer): ¿Todos los pasajeros

from the Havana flight gone into town?
from dhe Javána fláit góon íntu táun?
del vuelo de la Habana se han ido a la ciudad?

I am waiting for a friend.
Ái æm uéiting for e frend.
Estoy esperando a un amigo.

CHAUFFEUR: Maybe they have. Maybe he is still in immigration.
Méibi dhey jæv. Méibi ji is stil in immigréshiœn.
Puede ser que se hayan ido. Quizá él esté todavía en la inmigración.

RODRÍGUEZ: Oh! There he is! Were you waiting long, George?
Oh! Dhéer ji is! Uǽr iú uéiting long, Yorsh?
¡Oh! ¡Allí está! ¿Estuviste esperando mucho tiempo, Jorge?

ROPER: To tell the truth, it seems I forgot
Tu tel dhe truz, it sims Ái forgot
A decir la verdad, parece que me olvidé

to have my smallpox vaccination.
tu jæv may smóolpox vacsinéshiæn.
de vacunarme contra la viruela.

Therefore, they held me longer than I had expected.
Dhéerfor, dhey jeld mi longuer dhan Ái jæd expécted.
Por esta razón, me retuvieron más tiempo del que había esperado.

NOTA sobre la gramática: El pluscuamperfecto es fácil. Se usa "had" en lugar de *había* etc. con el participio pasado. Ej.: "I had not finished the book when she came to get it." —*No había terminado el libro cuando ella vino a recogerlo.*

RODRÍGUEZ: That's a good joke! A visitor like me finishes much sooner
Dhæts e gud yóuk! E visitor ldik mi fínishes mæch suner
¡Eso es una buena broma! Un visitante como yo termina más pronto

than a native American! And a diplomat too!
dhæn e néitiv Américan! Ǽnd e diplomat túu!
que un americano nativo! ¡Y un diplomático también!

ROPER (to the chauffeur): How much do you charge to the Miami Colonial Hotel?
(tu dhe shofǽr): Jáu mæch du iú charsh tu dhe Maiámi Colóniæl Jotél?
(al chofer): ¿Cuánto cobra al Hotel Miami Colonial?

CHAUFFEUR: We don't make special rates, sir. It's usually $4.00 by the meter.
Uí dont méik spéshial réits, sær. Its iúsuali $4.00 bay dhe míter.
Nosotros no arreglamos precios especiales, señor. Generalmente por el medidor son $4.00.

RODRÍGUEZ: That's a great deal of money. In Mexico that is almost 40 pesos.
Dhæts e gréit diil of mæni. In México dhæt is ólmost 40 pesos.
Eso es mucho dinero. En México eso es casi 40 pesos.

ROPER: You will find that some prices are very high here, but other prices
Iú uil fáind dhæt sœm práises ar véri jái jíœr, bœt ódher práises
Usted encontrará que algunos precios son muy altos aquí, pero otros
precios

such as those for clothes and export articles, are relatively cheap.
sœch as dhóus for clóudhs ænd éxport árticls, ar rélativli chíip.
tales como los de ropa y artículos de exportación, son relativamente
baratos.

RODRÍGUEZ: I hope so! Well, let's go.
Ái jóup sóu. Uél, lets góu.
¡Ojalá! Bueno, vámonos.

(At the hotel)
(*Æt dhe jotél*)
(En el hotel)

ROPER: We wish a double room with bath. Have you any available?
Uí·uish e dæbl rum uidh baz. Jæv iú éni avélabl?
Deseamos un cuarto doble con baño. ¿Tiene alguno disponible?

CLERK: Yes, indeed. For how long do you want it?
CLŒRK: Iés, indíid. For jáu long du iú uánt itt?
DEPENDIENTE: Claro que sí. ¿Por cuánto tiempo lo quiere?

ROPER: For only one night.
For ónli uæn náit.
Solamente por una noche.

CLERK: We can give you No. 1109. It is equipped with television.
Uí cæn guiv iú No. 1109. Itt is ikuípd uidh televíshiœn.
Podemos darle el cuarto No. 1109. Está provisto de televisión.

 UNA COSTUMBRE del país: Cuando un número, sea de
teléfono, cuarto de hotel, número de casa, etc., tiene un
cero, no se acostumbra decir "cero" sino la "o" del alfabeto.

ROPER: Thank you, but I don't think we wish to look at television
Zænk iú, bœt Ái dont zink ui uísh tu luk æt televíshiœn
Gracias, pero no creo que deseemos ver la televisión

as we are very tired. Has the airline an office here?
as uí ar véri táird. Jas dhe éerlain an ófis jíœr?
pues estamos muy cansados. ¿Tiene la línea aérea oficina aquí?

CLERK: Yes. At the end of the corridor.
Iés. At dhe end œf dhe córridor.
Sí. Al fin del corredor.

RODRÍGUEZ (to Roper): How much do they want for the room?
(tu Róuper): Jáu mœch du dhey uánt for dhe rum?
(a Roper): ¿Cuánto piden por el cuarto?

If it is as expensive as the taxi, I shall have to wire home soon for
more money.
*If itt is as expénsiv as dhe táxi, Ái shœl jœv tu uáir joúm sun for móor
mœni.*
Si es tan caro como el taxi, tendré que telegrafiar pronto a casa por
más dinero.

ROPER: I don't think so.
Ái dont zink sóu.
Yo no lo creo.

(to clerk) How much will the room be?
(tu clerk) Jáu mœch uil dhe rum bi?
(al dependiente) ¿Cuánto será el cuarto?

 ¡ATENCIÓN! "To be" es la forma infinitiva de *ser*. Así,
"will be" es el futuro. Este verbo es el único que tiene
variación en su presente—(I am, you are, he is).

CLERK: Eight dollars for one night, sir.
Éit dólars for uœn náit, sœr.
Ocho dólares por noche, señor.

RODRÍGUEZ: That isn't so bad as I expected.
Dhœt isnt so bœd as Ái expécted.
No está tan mal como esperaba.

ROPER: You won't find everything so expensive here.
Iú uónt fáind éverizing so expénsiv jíœr.
No encontrará todo tan caro aquí.

Now let's go to the air office and change our tickets.
Náu lets góu tu dhe éer ófis œnd chœnsh áur tíquets.
Ahora vamos a la oficina de aviación y cambiemos nuestros billetes.

(At the air office)
(Æt dhi éer ófis)
(En la oficina de aviación.)

ROPER (to clerk): I have a reservation on flight 407
(tu clerk): Ái jæv e reservéshiæn on fláit 407
(al dependiente): Tengo reservación en el vuelo 407

Eastern Airlines to New York tomorrow.
Ístern Éerlains tu Niú Iórk tumórou.
Aerovías Eastern para Nueva York mañana.

My friend here has a separate reservation via National Airlines.
May frend jíær jas e séparet reservéshiæn via Náshional Éerlains.
Aquí mi amigo tiene una reservación aparte por la vía Líneas Áereas
Nacionales.

Can you arrange for us to go together?
Cæn iú arréinsh for æs tu góu tuguédhær?
¿Puede Ud. arreglarnos el viaje juntos?

CLERK: Just a moment while I check, sir. (He telephones)
Yæst e móment uáil Ái chek, sær. (Ji télefons)
Un momento mientras lo compruebo, señor. (Él telefonea)

ROPER: I do hope he can fix it.
Ái du jóup ji cæn fix itt.
Ojalá pueda arreglarlo.

It will be much more pleasant to travel together.
Itt uil bi mæch móor plésant tu trável tuguédhær.
Será mucho más agradable viajar juntos.

CLERK: I have it, sir. You have two seats
Ái jæv itt, sær. Iú jæv túu síits
Ya lo tengo, señor. Tienen dos asientos

on the 8:30 flight tomorrow morning.
on dhe 8:30 fláit tumórou mórning.
en el vuelo de las 8:30 mañana por la mañana.

The limousine leaves at 7:45.
Dhe limosín liivs æt 7:45.
El autobús sale a las 7:45.

RODRÍGUEZ: Why must we be at the airport so early?
Uáy mæst ui bi æt dhe éerport sóu ǽrli?
¿Por qué debemos estar en el aeropuerto tan temprano?

There are no passport or customs inspections for a trip to New York,
are there?
*Dhéer ar no pásport or cóstœms inspécshiœns for e trip tu Niú Iórk,
ar dhéer?*
¿No hay pasaporte o registros de aduana para un viaje a Nueva York,
verdad?

CLERK: Of course not, sir. But you must get there early to check in
Of cors not, sœr. Bœt iú mœst guet dhéer œrli tu chek in
Por supuesto que no, señor. Pero debe llegar temprano a registrarse

and to have your luggage weighed.
œnd tu jœv iúr lœguesh uéid.
y a pesar su equipaje.

ROPER (to Rodríguez): In other words the airline doesn't wish to take
(tu Rodriguez): In ódhœr uœrds dhe éerlain dœsnt uish tu téik
(tu Rodríguez): Es decir, la compañía de aviación no quiere correr

any chances with passengers who oversleep,
éni chánces uidh pásenyœrs ju oversliip,
el riesgo con los pasajeros que no se despierten

and wants everyone there far in advance.
œnd uánts éveriuœn dhéer far in adváns.
a tiempo, y quiere que todos vengan con bastante anticipación.

RODRÍGUEZ: That's good for their schedule but bad for our rest!
Dhœts gud for dher squédiul bœt bœd for áur rest!
¡Eso es bueno para su horario, pero malo para nuestro descanso!

Well, let's go back to tell the hotel clerk to call us early.
Uél ,œts góu bœk tu tel dhe jotél clerk tu cóol œs œrli.
Bueno, volvamos a decirle al dependiente del hotel que nos llame
temprano.

PENSANDO EN INGLÉS

(Búsquense las contestaciones en la página 235)

1. Must you have a passport to go to the United States?
2. When the immigration inspector asks you for your passport, what do you say?
3. Why is Rodríguez coming to the United States?
4. Is the customs inspector polite to Rodríguez?
5. Are customs inspectors always polite?
6. Who finished the inspection first?
7. Why did Roper take such a long time?
8. Does Rodríguez consider the taxi fare very expensive?
9. Are any articles relatively cheap in the U.S.A.?
10. For what do they ask at the hotel?
11. With what is room No. 1109 equipped?
12. Do the travelers wish to look at television tonight?
13. Why not?
14. Does the clerk give them a room with or without bath?
15. Why do the two friends have to change their tickets?
16. Is the airlines clerk able to accommodate them?
17. At what time will the flight leave?
18. At what time will the automobile leave the hotel?
19. If you wish to get up at seven in the morning, what do you say to the desk clerk?

LESSON 35

To New York
Tu Niú Iórk
Para Nueva York

(The telephone rings; Mr. Roper answers):
(Dhe télefon rings; Mr. Róuper ánsœrs):
(El teléfono suena; el Sr. Roper contesta):

ROPER: **Hello!**
Jeló!
¡Hola!

VOICE: **It is a quarter past seven, sir. This is the second time we've called.**
Itt is e quórter past séven, sœr. Dhis is dhe sécœnd táim uiv cóold.
Son las siete y cuarto, señor. Esta es la segunda vez que hemos llamado.

ROPER: **Great Scott! Please tell the desk clerk to prepare our bill at once.**
Gréit Scot! Pliis tel dhe desk clerk tu pripér áur bil æt uœns.
¡Caramba! Por favor dígale al recibidor que prepare nuestra cuenta
al momento.

Luís, wake up! We'll miss the plane.
Luís, uéik œp! Uil mis dhe pléin.
¡Luís, despiértate! Perderemos el avión.

RODRÍGUEZ: (yawning) This is one of the delights of traveling.
(yóning) Dhis is uœn of dhe diláits of tráveling.
(bostezando) Éste es uno de los encantos de viajar.

One is always rushing somewhere.
Uœn is ólueis rǽshing sómjuér.
Uno está siempre de prisa.

ROPER: Never mind the philosophy. Just hurry.
Néver máind dhe filósofi. Yœst jœrri.
No importa la filosofía. Date prisa nada más.

(At the desk)
(Æt dhe desk)
(En la oficina)

ROPER (to the desk clerk): We want our bill, please.
(tu dhe desk clerk): Ui uánt áur bil, pliis.
(al recibidor de la oficina) : Queremos nuestra cuenta, por favor.

DESK CLERK: Here it is, Mr. Roper. It is complete, including bar checks
Jíœr itt is, Mr. Róuper. Itt is compliit, inclúding bar cheks
Aquí está, Sr. Roper. Está completa, incluyendo vales del bar

and one telegram which you sent last night.
ænd uœn télegram juich iú sent lœst náit.
y un telegrama que envió anoche.

ROPER (paying him): Here you are. We left the key in the room.
(péying jim): Jíœr iú ar. Ui left dhe kíi in dhe rum.
(pagándole): Aquí está. Dejamos la llave en el cuarto.

RODRÍGUEZ: How much do I owe you, George?
Jáu mœch du Ái óu iú, Yorsh?
¿Cuánto te debo a tí, Jorge?

ROPER: There's no time for that now! We can settle later.
Dhéers no táim for dhæt náu! Ui cæn sétl léitœr.
¡No hay tiempo para eso ahora! Podemos arreglarlo más tarde.

(to clerk)
(tu clerk)
(al dependiente)

Will you have a boy to put our bags in a taxi?
Uíl iú jæv e boy tu put áur bægs in e táxi?
¿Tendrá un muchacho para poner nuestras maletas en el taxi?

We are in a great hurry.	(a bell boy takes them)
Uí ar in e gréit jǽrri.	*(e bel boy téics dhem)*
Tenemos una gran prisa.	(un botones las toma)

¡OJO! Obsérvese la construcción de "to have" con el participio pasado de otro verbo. Ej.: "She has a dress made"— *Ella mandó a hacer un vestido.*

Boy! Don't take the small bag. All my papers are in it.
Boy! Dont téic dhe smóol bæg. Óol mái péipers ar in itt.
¡Muchacho! No tome la maleta pequeña. Contiene todos mis papeles.

I'll carry it myself.
Áil cárri itt maisélf.
La llevaré yo mismo.

RODRÍGUEZ: **Don't be nervous, George. We'll get there in time enough.**
Dont bi nérvœs, Yorsh. Uíl guet dhéer in táim inǽf.
No te pongas nervioso, Jorge. Llegaremos con bastante tiempo.

ROPER: **Perhaps. But I want to make sure to be on this flight,**
Perjǽps. Bœt Ái udnt tu méik shúur tu bi on dhis fláit,
Quizá. Pero quiero estar seguro de irme en este vuelo,

as I wired my wife to meet it in New York.
as Ái uáird mái uáif tu mit itt in Niú Iórk.
porque telegrafié a mi esposa que lo esperase en Nueva York.

RODRÍGUEZ: **Then I understand your impatience.**
Dhen Ái œnderstánd iúr impéshiens.
Entonces ya comprendo tu impaciencia.

(They get into a taxi)
(Dhey guet íntu e táxi)
(Suben en un taxi)

ROPER: **To the airport, please, and step on it!**
Tu dhe éerport, plíis, ænd step on itt!
Al aeropuerto, por favor, y ¡apúrese!

UNA LOCUCIÓN idiomática: Generalmente evitamos los modismos, por ser éste un libro de enseñanza, pero he aquí uno que por lo típico, lo incluímos: "Step on it", quiere decir apretar el pie en el acelerador de un automóvil, y se emplea popularmente para decir: *¡apúrese!*

TAXI DRIVER: All right, but I don't want to get a ticket!
TÉXI DRÁIVER: *Olráit, bœt Ái dont uánt tu guet e tíket!*
CHOFER DEL TAXI: Bueno, pero ¡no quiero recibir una citación de la policía!

RODRÍGUEZ: Are the speed laws very strict in the United States?
Ar dhe spíid lóos véri strict in dhi Iunáited Stéits?
¿Son las leyes de velocidad muy estrictas en los Estados Unidos?

ROPER: Yes indeed! You must be very careful if you drive a car here.
Iés indíid! Iú mœst bi véri kéerful if iú dráiv e car jíœr.
¡Claro que sí! Debes ser muy cuidadoso si guías un carro aquí.

DRIVER: Here we are at the airport. Was that quick enough?
Jíœr ui ar œt dhi éerport. Uós dhœt cuic inœf?
Aquí estamos en el aeropuerto. ¿Fué suficientemente rápido?

ROPER: That's fine. Here. Keep the change.
Dhœts fáin. Jíœr. Klíp dhe chéinsh.
Muy bueno. Tome. Guárdese el vuelto.

RODRÍGUEZ: Didn't I see you give him a dollar? That's quite a large tip.
Dídnt Ái síi iú guiv jim e dólar? Dhœts quáit e láarsh tip.
¿No te vi darle un dólar? Ésa es una propina grande.

What do you usually tip here, anyway?
Juát du iú iúsiuali tip jíœr éniuey?
¿Cuánto se da de propina aquí usualmente, en todo caso?

NOTA para el alumno: Frecuentemente "you" no indica *Ud.* sino el uso impersonal de *se.* Ej.: "How do you say 'thank you', in French?"—¿*Cómo se dice "gracias" en francés?*

ROPER: Yes, I know. However, he was very obliging,
Iés, Ái nóu. Jauéver, ji uós véri obláiying.
Sí, lo sé. Sin embargo, él ha sido muy cortés.

so I felt he deserved a larger tip than usual.
sóu Ái felt ji disérvd e láaryer tip dhan iúshual.
de modo que creí que merecía una propina más grande que la corriente.

We ordinarily tip only ten or fifteen percent.
Uí órdinerili tip ónli ten or fíftin pœrsént.
Ordinariamente damos de propina sólo el diez o quince por ciento.

VOICE OVER THE LOUDSPEAKER: Will Mr. Roper and Mr. Rodríguez please
VÓIS ÓVER DHE LAUDSPÍKER: *Uíl Mr. Róuper œnd Mr. Rodríguez plíis*
VOZ EN EL ALTOPARLANTE: ¿Quieren hacer el favor los señores Roper y
    Rodríguez

report to counter 16 immediately?
ríport tu cáunter 16 imídiatli?
de presentarse al escritorio 16 inmediatamente?

ROPER (running): Hurry, they must be holding the flight for us.
    (rǽning): Jǽrri, dhey mœst bi jólding dhe fláit for œs.
    (corriendo): Date prisa, deben estar retrasando el vuelo por nosotros.

RODRÍGUEZ: I'm coming! But we haven't had breakfast yet!
    Áim cǽming! Bœt uí jǽvnt jad brékfast iét!
    ¡Ya vengo! ¡Pero no nos hemos desayunado todavía!

ROPER: Don't worry about it. They will probably serve it on the plane.
    Dont uǽrri abáut itt. Dhey uíl próbabli serv itt on dhe pléin.
    No te preocupes de eso. Probablemente lo servirán en el avión.

(After 5 hours)
(*Áfter 5 áurs*)
(Después de 5 horas)

ROPER: Wake up Luís! We are over New York harbor.
    Uéik œp, Luís! Uí ar óver Niú Iórk járbor.
    ¡Despiértate Luís! Estamos sobre el puerto de Nueva York.

RODRÍGUEZ (sleepily): Where?
    (*slíipili*): *Juéer?*
    (somnoliento): ¿Dónde?

ROPER: Down there below us, naturally. See, there is the Statue of Liberty.
    Dáun dhéer bilóu œs, nǽchurali. Sii, dhéer is dhe Státiu of Líberti.
    Allí debajo de nosotros, naturalmente. Ves, allí está la Estatua de la
    Libertad.

RODRÍGUEZ: There are so many ships in the harbor!
    Dhéer ar sóu méni ships in dhe járbor!
    ¡Hay tantos barcos en el puerto!

And there are the skyscrapers. What a wonderful sight!
Ǽnd dhéer ar dhe skáiscrepers. Juát e uǽnderful sáit!
Y allí están los rascacielos. ¡Qué hermosa vista!

ROPER: Have you never seen them before?
    Jǽv iú néver síin dhem bifór?
    ¿Nunca los has visto antes?

RODRÍGUEZ: **Only in the movies.**
Ónli in dhe múvis.
Sólo en el cine.

From here they are more impressive,   I assure you.
From jíær dhey ar móor imprésiv,   Ái ashúur iú.
Desde aquí son más impresionantes,   yo te lo aseguro.

Is that the Hudson River?
Is dhæt dhe Jǽdsæn River?
¿Es ése el Río Hudson?

ROPER: **No, that is the East River.**
No, dhæt is dhe Íst River.
No, ése es el río Este.

The Hudson is on the other side of Manhattan Island.
Dhe Jǽdsæn is on dhe ódher sáid of Manjátan Áiland.
El Hudson está al otro lado de la isla de Manhattan.

We are going to land at La Guardia airport, which is in Long Island.
Uí ar góing tu lænd æt La Guardia éerport, juích is in Long Áiland.
Vamos a aterrizar en el aeropuerto de La Guardia, que está en Long Island.

Now we are coming down. I wonder if my wife and children will be there to meet me.
Náu uí ar cǽming dáun. Ái uónder if mái uáif ænd children uil bi dhéer tu míit mi.
Ahora estamos bajando. Me pregunto si mi esposa y los niños estarán allí para recibirme.

RODRÍGUEZ: **I hope so. It will be a pleasure to see them again.**
Ái jóup sóu. It uil bi e pléshœr tu sii dhem eguén.
Ojalá. Será para mí un placer verlos de nuevo.

ROPER: **Now, don't forget. I want you to come to our house for dinner tomorrow.**
Náu, dont forguét. Ái uánt iú tu cæm tu áur jáus for díner tumórou.
Ahora, no te olvides. Quiero que vengas mañana a comer a nuestra casa.

APUNTE gramatical: El subjuntivo casi ha desaparecido del inglés. Se usa más bien el infinitivo. Ej.: "I want you to see him"—*Quiero que Ud. lo vea.*

RODRÍGUEZ: With pleasure. But tell me, can you recommend a good hotel?
Uídh pléshœr. Bœt tel mi, cœn iú ricoménd e gud jotél?
Con gusto. Pero dime, ¿me puedes recomendar un buen hotel?

ROPER: There are hundreds. But why don't you try the Waldorf-Astoria?
Dhéer ar jóndreds. Bœt uáy dont iú trái dhe Udldorf-Astória?
Hay cientos. ¿Pero por qué no pruebas el Waldorf-Astoria?

I am sure you can get a room there.
Ái œm shúur iú cœn guet e rum dhéer.
Yo estoy seguro que puedes obtener un cuarto allí.

I'll try to call you in the morning.
Áil trái tu cóol iú in dhe mórning.
Trataré de llamarte en la mañana.

If you don't stay there, you call me then.
If iú dont stéi dhéer, iú cóol mi dhen.
Si no te quedas allí, entonces tú me llamas.

STEWARDESS: Fasten your seat belts, please. We are landing.
Fásen iúr síit belts, pliis. Uí ar lánding.
Abróchense los cinturones del asiento, por favor. Estamos aterrizando.

RODRÍGUEZ: It seems to me that that's all you do on planes.
Itt síims tu mi dhœt dhœts óol iú du on pléins.
Me parece que eso es todo lo que se hace en los aviones.

What would happen if you didn't?
Juát úud jápen if iú dídnt?
¿Qué sucedería si no lo hicieras?

ROPER: You'd probably fall out of your seat
Iúd próbabli fóol áut of iúr síit
Probablemente te caerías de tu asiento

and then the airline would have to pay damages.
ænd dhen dhe éerláin úud jæv tu péi dámœyes.
y la compañía de aviación te tendría que pagar los daños.

 NOTA sobre la gramática: para expresar las condiciones contrarias a la realidad, se usa simplemente "would" y el pasado del otro verbo. Ej.: *¿Qué le diría si ella viniera?* "What would you say to her if she came?"

PENSANDO EN INGLÉS
(Búsquense las contestaciones en la página 236)

1. Did Roper wake up the first time he was called?
2. Was Rodríguez also still sleeping when the phone rang?
3. What do they tell the desk clerk?
4. Is the bill ready?
5. Who pays the bill?
6. Will Rodríguez settle with Roper later?
7. Who puts the bags in a taxi?
8. Why doesn't Roper want the bellboy to take the small bag?
9. Is Roper nervous?
10. Who will meet him in N. Y.?
11. Do they tell the taxi driver to hurry to the airport?
12. Why does Roper give him a large tip?
13. What is the usual tip in the United States?
14. Do they get to the airport in time?
15. Have they had breakfast yet?
16. What part of New York do they first see from the plane?
17. What statue do they see in the harbor?
18. Where do they land?
19. Does Roper recommend a hotel to Rodríguez?
20. How do you ask someone to recommend a hotel to you?
21. When will Roper telephone his friend?
22. Will Rodríguez wait for his call?

LESSON 36

A walk along 5th Avenue
E uók alóng fífz Æveniu
Un paseo por la 5a. Avenida

(In the lobby of the Waldorf-Astoria)
(In dhe lóbi of dhe Uáldorf-Astória)
(En el salón de recibo del Waldorf-Astoria)

ROPER: **Good morning Luis! Were you waiting long?**
Gud mórning Luis! Uér iú uéiting long?
¡Buenos días Luis! ¿Estuviste esperándome mucho tiempo?

RODRÍGUEZ: **Only a few minutes.**
Ónli e fiú mínets.
Solamente pocos minutos.

It is very entertaining watching the people go by.
Itt is véri entertéining uátching dhe pípl góu bái.
Es muy divertido ver pasar a la gente.

199

I have seen some very beautiful girls.
Ái jœv síin sœm véri biútiful guœrls.
He visto a algunas muchachas muy bonitas.

ROPER: Oh, you will see many in New York.
Oh, iú uíl sii méni in Niú Iórk.
Oh, verás a muchas en Nueva York.

RODRÍGUEZ: Can we go somewhere to buy a hat?
Cœn uí góu sœmjueer tu bái e jœt?
¿Podemos ir a alguna parte a comprar un sombrero?

I think I left mine on the plane or in the taxi.
Á zinc Ái left máin on dhe pléin or in dhe tœxi.
Creo que el mío lo dejé en el avión o en el taxi.

ROPER: Yes. We are quite near 5th Ave. I'll show you a place.
Iés. Uí ar cuáit níœr fifz Æveniu. Áil shóu iú e pléis.
Sí, Estamos muy cerca de la 5a. Avenida. Te mostraré un lugar.

(Outside)
(Autsáid)
(Afuera)

ROPER: Here we are on Park Ave.
Jíœr uí ar on Park Æveniu.
Aquí estamos en la Avenida Park.

This is one of the finest residential streets of the city,
Dhis is uœn of dhe fáinest residénshial stríits of dhe síti,
Ésta es una de las mejores calles residenciales de la ciudad,

but the apartments are very expensive.
bœt dhi apártmœnts ar véri expénsiv.
pero los departamentos son muy caros.

RODRÍGUEZ: What is that big building at the end of the street?
Juát is dhœt big bílding œt dhi end of dhe stríit?
¿Qué es ese gran edificio al final de la calle?

ROPER: That is the Grand Central building.
Dhœt is dhe Grand Céntral bílding.
Ése es el edificio de la Gran Central.

Behind it is the railroad station.
Bijáind itt is dhe réilrod stéshiœn.
Detrás está la estación del ferrocarril.

RODRÍGUEZ: **But I don't see any trains.**
Bæt Ái dont síi éni tréins.
Pero no veo ningún tren.

ROPER: **All the trains are underground.**
Óol dhe tréins ar ǽndergraund.
Todos los trenes están debajo de la tierra.

Some of them go under this street.
Sæm of dhem góu ǽnder dhis striit.
Algunos de ellos van por debajo de esta calle.

RODRÍGUEZ: **Why are all the people in such a hurry?**
Uáy ar óol dhe pípl in sæch e jǽrri?
¿Por qué toda la gente está tan de prisa?

ROPER: **That is their natural speed.**
Dhæt is dher nǽchural spíid.
Ésa es su velocidad natural.

You will see that most New Yorkers move very quickly.
Iú uil síi dhæt móust Niú Iórkers muv véri kuícli.
Verás que la mayoría de los neoyorkinos se mueven muy rápidamente.

People say that they develop great speed from dodging taxicabs.
Pípl séi dhæt dhey divéloup gréit spíid from dódying tǽxicæbs.
La gente dice que ellos desarrollan gran velocidad por su costumbre de esquivar los taxis.

RODRÍGUEZ: **What street is this one?**
Uát stríit is dhis uæn?
¿Qué calle es ésta?

ROPER: **The one we are crossing is Madison Ave., and the next is Fifth.**
Dhi uæn ui ar crósing is Mádison Ǽveniu, ænd dhe next is Fifz.
La que estamos atravesando es la Avenida Madison y la próxima es la Quinta.

We are going cross-town.
Ui ar góing cros-táun.
Vamos atravesando la ciudad.

RODRÍGUEZ: **How will I remember the streets in New York?**
Jáu uil Ái rimémber dhe striits in Niú Iórk?
¿Cómo recordaré las calles de Nueva York?

ROPER: **It is really quite easy. Most of the streets that go east and west**
Itt is rili quáit ísi. Móust of dhe striits dhæt góu iist ænd wést
Es realmente muy fácil. La mayoría de las calles que van de Este a Oeste

have numbers, and the avenues, that run north and south,
jæv næmbers, ænd dhe ávenius, dhæt rœn norz ænd sáuz,
tienen números, y las avenidas, que van de norte a sur,

have numbers too, from one to twelve.
jæv næmbers túu, from uœn tu tuélv.
tambien tienen números, de uno a doce.

RODRÍGUEZ: **But why doesn't Park Avenue have a number, then?**
Bœt uáy dœsnt Park Æveniu jæv e næmber, dhen?
¿Pero por qué la Avenida Park no tiene número, entonces?

ROPER: **I never thought of that! I imagine Park should be 4th Ave.**
Ái néver zóot of dhæt! Ái imáyin Park shud bi Fóorz Æveniu.
¡Nunca pensé en eso! Me imagino que Park debería ser la 4a. Avenida.

But then, there are exceptions to everything.
Bœt dhen, dhéer ar exsépshiœns tu éverizing.
Pero entonces, hay excepciones en todo.

RODRÍGUEZ: **What an imposing group of buildings! I know them from the movies.**
Juát an impóusing grup of bíldings! Ái nóu dhem from dhe múvis.
¡Qué imponente grupo de edificios! Los conozco por el cine.

It must be Rockefeller Center!
Itt mœst bi Rokféler Cénter!
¡Debe ser Rockefeller Center!

 ¡ATENCIÓN! Obsérvese arriba la diferencia entre "should be" y "must be". Nosotros usamos diferentes tiempos del mismo verbo para expresar lo que en inglés se dice con palabras distintas. Ej.: "I must go now."—*Debo irme ahora.* "I really should go."—*A la verdad debería ir.*

ROPER: **Right. If you have seen everything in the movies, I don't think you need a guide.**
Ráit. If iú jæv síin everízing in dhe múvis, Ái dóont zink iú níid e gáid.
Verdad. Si has visto todo en el cine, no creo que necesites guía.

RODRÍGUEZ: **Yes, I do. For example, what is that church on the left?**
Iés, Ái du. For exámpl, juát is dhæt chœrch on dhe left?
Sí, lo necesito. Por ejemplo, ¿qué iglesia es ésa a la izquierda?

ROPER: **That is St. Patrick's Cathedral.**
Dhæt is Séint Pátriks Cazídral.
Ésa es la Catedral de San Patricio.

It used to be the tallest building in New York,
Itt íusd tu bi dhe tólest bílding in Niú Iórk,
Era el edificio más alto de Nueva York,

but now, you can see how all the surrounding buildings make it look small.
bæt náu, iú cæn sli jáu óol dhe sœrráunding bíldings méic itt luk smóol.
pero ahora puedes ver cómo los edificios circundantes lo hacen verse pequeño.

NOTA importante: No hay ningún tiempo del inglés que corresponda exactamente al imperfecto de indicativo español. En inglés se usa el pasado o la construcción "used to". Ej.: "When I lived in Hollywood, I used to go to the movies every night."—*Cuando yo vivía en Hollywood, yo iba al cine cada noche.*

But here is a store where you can buy a hat.
Bæt jíær is a stóor juéer iú cæn bái e jæt.
Pero aquí está una tienda donde puedes comprar un sombrero.

(**They enter the store**)
(*Dhey énter dhe stóor*)
(Ellos entran en la tienda)

CLERK: **May I help you, gentlemen?**
Méi Ái jelp iú, yéntlmen?
¿Puedo servirlos, caballeros?

RODRÍGUEZ: **Yes. I should like to buy a hat.**
Iés. Ái uúd láik tu bái e jæt.
Sí. Me gustaría comprar un sombrero.

¡OJO! Aquí "should" se usa para el condicional. No lo confunda con su otro uso de *debería*.

CLERK: Very well, sir. What is your size, please?
Véri uél, sœr. Juát is iúr sáis, pliis?
Muy bien, señor. ¿Cuál es su número?

RODRÍGUEZ: I don't know exactly. In Mexico it is 42, but we use centimeters there.
Ai dónt nóu exáctli. In Mécsico itt is 42, bœt ui iús céntimiters dhéer.
Yo no lo sé exactamente. En México es 42, pero allá usamos centímetros.

ROPER: Try seven and a quarter.
Trái séven œnd e quórter.
Prueba siete y cuarto.

CLERK: Would you care to try this on, sir?
Uúd iú quéer tu trái dhis on, sœr?
¿Le gustaría probarse éste, señor?

It is a new model, very popular in California.
Itt is e niú módel, véri pópular in California.
Es un nuevo modelo, muy popular en California.

You can wear it for sport or for town.
Iú cœn uéer itt for sport or for táun.
Puede usarlo para deporte o para la ciudad.

 UN VERBO ÚTIL: "care to" equivale a "like to".

RODRÍGUEZ: What do you think, George?
Juát du iú zinc, Yorsh?
¿Qué crees tú, Jorge?

ROPER: Perhaps you should try something more conservative.
Perjáps iú shud trái sœmzing móor consœrvativ.
Quizá deberías probar algo más serio.

CLERK: Here is another one with a narrower brim.
Jíœr is anœdher uœn uídh e nárouer brim.
Aquí está otro de ala más angosta.

RODRÍGUEZ: I think this one is better. How much is it?
Ai zinc dhis uœn is béter. Jáu mœch is itt?
Yo creo que éste es mejor. ¿Cuánto vale?

CLERK: **Ten dollars. It has been reduced from fourteen**
Ten dólars. Itt jas bin rediúsd from fóortin
Diez dólares. Ha sido rebajado de catorce dólares

as we are having a sale.
as uí ar jæving e séil.
pues tenemos un baratillo.

RODRÍGUEZ: **That seems to be a bargain. I'll take it.**
Dhæt slims tu bi e bárguen. Ail téic itt.
Parece que es una ganga. Lo tomaré.

Can you change a traveler's check for $50.00?
Cæn iú chænsh e trávelers chek for $50.00?
¿Puede cambiarme un cheque viajero de $50.00?

CLERK: **Of course, sir. Shall I send the hat to your hotel?**
Of cóors, sær. Shæl Ai send dhe jæt tu iúr jotél?
Por supuesto, señor. ¿Deberé mandar el sombrero a su hotel?

RODRÍGUEZ: **No, I'll take it with me. In fact, I'll wear it.**
No, Ail téic itt uidh mi. In fact, Ail uér itt.
No, yo lo llevaré. Efectivamente, lo llevaré puesto.

ROPER: **Now that you are so well dressed, let's go to see some more of
the city.**
Náu dhæt iú ar so uél dresd, lets góu tu sii sæm móor of dhe síti.
Ahora que estás tan bien vestido, vamos a ver algo más de la ciudad.

PENSANDO EN INGLÉS
(Búsquense las contestaciones en la página 236)

1. Where was Rodríguez waiting for Roper?
2. What did Rodríguez want to buy?
3. What big building do they see at the end of the street?
4. Do the trains run along Park Avenue?
5. Do New Yorkers move quickly or slowly?
6. In New York, which way do the numbered streets run?
7. Which way do the avenues run?
8. Has Rodríguez ever seen a picture of Radio City before?
9. Is St. Patrick's Cathedral still the tallest building in New York?
10. What does Rodríguez say when he enters the hat store?
11. Does he know his exact size?
12. Why not?
13. Does Rodríguez like the first hat the salesman shows him?
14. Why has the second hat been reduced from $14 to $10?
15. Is it a bargain?
16. Can the clerk change a travelers check for $50?
17. When you are in a big city, where can you change a traveler's check?
18. Does the clerk send the hat to the hotel?
19. Where do the two friends go after making the purchase?

LESSON 37

A bit of sight-seeing
E bit of sáit síing
Un corto recorrido turístico

ROPER: Taxi! Can we make a special rate by the hour? We want to see some of the sights.
Táxi! Cæn uí méic e spéshial réit bái dhe duœr? Uí uánt tu síi sœm of dhe sáits.
¡Taxi! ¿Podemos arreglar un precio especial por hora? Queremos ver algunos sitios.

TAXI-DRIVER: No special rates, mister. Just what you see on the meter.
No spéshial réits, míster. Yœst juát iú síi on dhe míter.
No hay precios especiales, señor. Sólo lo que Ud. ve en el marcador.

ROPER: Very well. Drive to the East River drive and follow it downtown
Véri uél. Dráiv tu dhe íist River dráiv ænd fólou itt dáuntáun
Muy bien. Llévenos a la calzada del Río Este y sígala hasta la sección comercial de la ciudad

past the Battery and up the West Side Highway.
past dhe Báteri ænd œp dhe Uést Sáid Jáiuey.
adelante del Battery hasta la Carretera del Oeste.

RODRÍGUEZ: Won't that be quite expensive, George?
Uónt dhæt bi cuáit expénsiv, Yorsh?
¿No será muy caro, Jorge?

ROPER: Don't worry. It's worth it to see the skyline.
Dont uérri. Its uórz itt tu síi dhe scáilain.
No te preocupes. Vale la pena ver la línea de los rascacielos.

Look, that huge building in front of us
Luk, dhæt jiúsh bílding in frœnt of œs
Mira, ese inmenso edificio enfrente de nosotros

is the United Nations Headquarters.
is dhe Iundáited Néshiœns Jédquorters.
es la oficina principal de las Naciones Unidas.

Now we are turning into the Drive.
Náu uí ar tœrning íntu dhe Dráiv.
Ahora estamos dando la vuelta hacia la Calzada.

RODRÍGUEZ: Does this road go all the way around Manhattan Island?
Dœs dhis róod góu óol dhe uéi aráund Manjátan Áiland?
¿Este camino da toda la vuelta alrededor de la isla de Manhattan?

ROPER: Yes, it connects with other highways.
Iés, itt conécts uídh œdhœr jáiuéis.
Sí, se conecta con otras carreteras.

RODRÍGUEZ: It certainly is a great improvement
Itt cértenli is a gréit imprúvment
Ciertamente es una gran mejora

because the traffic inside the city is terrible.
bicóos dhe tráfic insáid dhe síti is térribl.
porque el tráfico dentro de la ciudad es terrible.

ROPER: Look over there! That is the Empire State Building.
Luk óver dhéer! Dhæt is dhe Émpair Stéit Bílding.
¡Mira allí! Ése es el edificio del Empire State.

RODRÍGUEZ: It is the tallest building in the world, isn't it?
Itt is dhe tólest bílding in dhe uœrld, ísnt itt?
Es el edificio más alto del mundo, ¿no es así?

I would like to buy some picture post cards of it to send back to
Mexico.
*Ái uúd láik tu bay sœm píkchœr post cards of itt tu send bæk tu
México.*
Me gustaría comprar algunas tarjetas postales de eso para mandarlas
a México.

ROPER: We can get them later when we go to Times Square.
Ui cæn guet dhem léiter juén ui góu tu Táims Squéer.
Las podemos conseguir más tarde cuando vayamos a Times Square.

NOTA para el alumno: Cuando se trata de una construcción como: *cuando venga*, use el presente. Ej.: "When he
comes, I'll give it to him".—*Cuando venga, se lo daré.*

RODRÍGUEZ: To where do those bridges lead?
Tu juéer du dhóus brídyes liid?
¿Para dónde conducen esos puentes?

ROPER: They go to Brooklyn.
Dhey góu tu Brúklin.
Van para Brooklyn.

RODRÍGUEZ: Will we go there too?
Uíl ui góu dhéer túu?
¿Iremos nosotros allí también?

ROPER: Oh no. We would have to have a special passport.
Óu nóu. Ui uúd jæv tu jæv e spéshial pásport.
Oh no. Tendríamos que tener un pasaporte especial.

RODRÍGUEZ: Now you are joking, but you don't fool me. I have read
Náu iú ar yóking, bœt iú dont fúul mi. Ái jæv red
Ahora estás bromeando, pero no me engañas. He leído

about Brooklyn and I even know about the Dodgers baseball team.
abáut Brúklin ænd Ái íven nóu abáut dhe Dódyers béisbol tíim.
acerca de Brooklyn y aun sé acerca del equipo de "baseball" Dodgers.

ROPER: I see you are well informed. But, look! We are passing Wall Street.
Ái síi iú ar uél infórmed. Bœt, luk! Ui ar pásing Uól Stríit.
Veo que estás bien informado. ¡Pero, mira! Estamos pasando la Calle
Wall.

That huge group of buildings represents the financial capital of the
   world.
*Dhæt jiush grup of bíldings reprisénts dhe faináncial cǽpital of dhe
   uǽrld.*
Ese inmenso grupo de edificios representa la capital financiera del
   mundo.

RODRÍGUEZ: Unfortunately, there is no use in my going there,
   Œnfórtiunætli, dhéer is no iús in may góing dhéer,
   Desgraciadamente, es inútil para mí ir allí,

   as I have no extra money to invest. I think we shall need all our cash
   as Ái jæv no éxtra mǽni tu invést. Ái zinc ui shæl níid óol áur cæsh
   pues no tengo dinero de sobra para invertir. Creo que necesitaremos
      todo nuestro efectivo

   to pay for this taxi ride.
   tu péi for dhis táxi ráid.
   para pagar esta carrera de taxi.

NOTA FINANCIERA: Note la diferencia entre "cash"
efectivo, "change" *vuelto*, y "money" *dinero o moneda*.

ROPER: You are right! Let's get out here and take the subway uptown.
   Iú ar ráit! Lets guet áut jícer ænd téic dhe sǽbuey æptáun.
   ¡Tienes razón! Salgamos de aquí y tomemos el metro para la sección
      residencial de la ciudad.

   A ride on the subway would be interesting for you.
   E ráid on dhe sǽbuey uúd bi interesting for iú.
   Un viaje en el metro sería interesante para tí.

RODRÍGUEZ: That will be wonderful. I have always wanted to ride in the
   Dhæt uil bi uǽnderful. Ái jæv ólueys uánted tu ráid in dhe
   Eso sería maravilloso. Siempre he querido viajar en el

   subway, but I don't want to go alone and get lost.
   sǽbuey, bæt Ái dont uánt tu góu alóun ænd guet lost.
   metro, pero no quiero ir solo y perderme.

ROPER: Don't worry. You won't get lost with me.
   Dont uǽrri. Iú uónt guet lost uidh mi.
   No te preocupes. No te perderás conmigo.

(They leave the taxi)
(*Dhey líiv dhe táxi*)
(Salen del taxi)

ROPER: This is the Battery, the end of Manhattan Island. I don't know
Dhis is dhe Bátœri, dhi end of Manjátan Áiland. Ái dont nóu
Este es el Battery, el fin de la isla de Manhattan. Yo no conozco

this section very well. I wonder where the subway is.
dhis sécshiœn véri uél. Ái uónder juéer dhe sœbuey is.
esta sección muy bien. Me pregunto dónde está el metro.

(to a passerby)
(*tu e páserbai*)
(a un transeúnte)

ROPER: Excuse me, sir, where is the West side subway?
Exquiús mi, sœr, juéer is dhe Uést sáid sœbuey?
Dispénseme, señor, ¿dónde está el metro del oeste?

PASSERBY: I'm sorry. I'm a stranger here myself.
Áim sórri. Áim e strányer jiœr maisélf.
Lo siento. Yo mismo soy extranjero aquí.

RODRÍGUEZ: Look, George. There is a subway entrance across the street.
Luc, Yorsh. Dhéer is e sœbuey éntrans acrós dhe stríit.
Mira, Jorge. Allí hay una entrada del metro, al otro lado de la calle.

It says Broadway 7th Ave. Is that it?
It ses Bróduey sévenz Ǽveniu. Is dhæt itt?
Dice Broadway séptima Avenida. ¿Es ése?

ROPER: Yes. How silly of me! Now I remember having seen it on my last
trip.
Iés. Jáu sili ov mi! Náu Ái rimémber jæving síin itt on may læst trip.
Sí. ¡Qué tonto soy! Ahora recuerdo haberlo visto en mi último viaje.

NOTA gramatical: En la frase anterior se usa el gerundio (having seen) donde nosotros usaríamos el infinitivo. Otro ejemplo: "I liked hearing María Cristina sing".—*Me gustó oír cantar a María Cristina.*

(in the subway)
(*in dhe sœbuey*)
(en el metro)

RODRÍGUEZ: This is amazing. The conductor pushes the people
Dhis is améising. Dhe condóctor púshes dhe pípl
Esto es asombroso. El conductor empuja a la gente

into the car and they don't protest.
íntu dhe car ænd dhey dont protést.
dentro del carro y no protestan.

ROPER: That is because they are used to it. You should see the
Dhæt is bicóos dhey ar iúsd tu itt. Iú shud síi dhe
Eso es porque están acostumbrados a ello. Deberías ver el

subway at 5 o'clock. Then it is unbelievably crowded.
sǽbuey æt 5 oclok. Dhen itt is ænbilívabli cráuded.
metro a las 5. Entonces está increíblemente atestado de gente.

RODRÍGUEZ: Why at that time?
Juáy æt dhæt táim?
¿Por qué a esa hora?

ROPER: Because all the people who work downtown are going home.
Bicóos óol dhe pípl ju uærk dáuntáun ar góing jóum.
Porque toda la gente que trabaja en la sección comercial va para casa.

RODRÍGUEZ: Tell me, shall we arrive at Times Square soon?
Tel mi, shæl uí arráiv æt Táims Squéer sun?
Dime, ¿llegaremos a Times Square pronto?

ROPER: It is a distance of several miles, but as we are on an express,
Itt is e distans of séveral máils, bæt as uí ar on an exprés,
Es una distancia de varias millas, pero como estamos en un expreso

it will not take long.
itt uíl not téic long.
no tardará mucho.

RODRÍGUEZ: Why is Broadway called the Great White Way?
Juáy is Bróduey cóold dhe Gréit Juáit Uéy?
¿Por qué se llama a Broadway la Gran Vía Blanca?

ROPER: That is because at night the many lights from the movies,
Dhæt is bicóos æt náit dhe méni láits from dhe múvis,
Eso es porque de noche las muchas luces de los cines,

theatres and clubs, as well as the huge advertising displays,
zíaters ænd clæbs, as uél as dhe jiúsh advertáising displéys,
teatros y clubs, así como también la inmensa ostentación de anuncios,

make it almost as light as day.
méic itt ólmost as láit as déi.
la hace casi tan clara como el día.

RODRÍGUEZ: Shall we be able to get tickets for a show tonight?
Shæl uí bi éibl tu guet tíkets for e shóu tunáit?
¿Podremos conseguir billetes para una representación esta noche?

ROPER: Perhaps. Which one would you like to see?
Perjǽps. Juích uǽn uúd iú láik tu síi?
Quizá. ¿Cuál te gustaría ver?

RODRÍGUEZ: I have heard it said that "South Pacific" is excellent.
Ái jæv jéerd itt sed dhæt "Sáuz Pasífic" is éxselent.
He oído decir que "South Pacific" es excelente.

ROPER: You certainly don't want much! However, I have a friend
Iú cértenli dont uánt mæch! Jauéver, Ái jæv e frend
¡Tú ciertamente no quieres mucho! Sin embargo, yo tengo un amigo

who can always arrange to get tickets on short notice.
ju cæn ólueys arrénsh tu guet tíkets on short nótis.
que siempre puede obtener los billetes en corto tiempo.

I'll phone Victor from Times Square.
Áil fóun Víctor from Táims Squéer.
Telefonearé a Victor desde Times Square.

RODRIGUEZ: Where are we now? This station says Borough Hall.
Juéer ar uí ndu? Dhis stéshiœn ses Bóro Jol.
¿Dónde estamos ahora? Esta estación dice Borough Hall.

ROPER: Now we are in a fix! We have taken the wrong train. This is
Brooklyn.
Náu uí ar in e fix! Uí jæv téiken dhe róong tréin. Dhis is Brúklin.
¡Ahora estamos en un lío! Nos equivocamos de tren. Éste es Brooklyn.

We'll have to cross over and go back the other way.
Uíl jæv tu cros óver ænd góu back dhe ódher uéy.
Tendremos que pasar al otro lado y volver para atrás.

PENSANDO EN INGLÉS
(Búsquense las contestaciones en la página 237)

1. Can Roper make a special rate with the taxi driver?
2. Where are the United Nations Buildings?
3. Is the automobile traffic in New York very bad?
4. What is the tallest building in the world?
5. Is Roper telling the truth when he says that one needs a special passport to go to Brooklyn?
6. Does Rodríguez know it is a joke?
7. Why is Wall Street famous?
8. Why do the two friends get out of the taxi at the Battery?
9. Can Roper find the subway entrance without asking a passerby?
10. Does the passerby know where it is?
11. Do you think Roper is a good guide?
12. Why is the subway especially crowded at 5 o'clock?
13. Why is Broadway called "The Great White Way?"
14. Are there many theatres on Broadway?
15. Which show does Rodríguez want to see?
16. Do the two travelers arrive at Times Square?
17. Why not?
18. Where do they arrive?
19. Will they be late for dinner?
20. Do you think you would get lost in New York?

LESSON 38

Batter up!
Bǽtœr œp!
¡A batear!

Roper: **Mary! Look who's here!**
Méri! Luk jus jícer!
¡María! ¡Mira quién está aquí!

Mary Roper: **Why Luís! How glad I am to see you! George told me**
Uáy Luís! Jáu glæd Ái æm tu síi iú! Yœrsh tóuld mi
¡Conque Luís! ¡Cuánto me alegro de verte! Jorge me contó

    **about meeting you on the plane and I asked him to bring you over for
dinner at once.**
    *abáut míting iú on dhe pléin ænd Ái æsked jim tu bring iú óver for
diner æt uáns.*
    de su encuentro con Ud. en el avión y yo le pedí que lo trajera para la
comida.

215

APUNTE idiomático: "Why" no tiene siempre el sentido de *¿por qué?* A veces tiene el sentido de *conque* o *pues,* como en la exclamación anterior.

RODRÍGUEZ: It is a great pleasure to see you all again. We have missed you
Itt is e gréit pléshœr tu sii iú óol eguén. Uí jœv missd iú
Es un gran placer verlos a todos ustedes de nuevo. Los hemos echado de menos

since you left Mexico. How are the children?
sins iú left México. Jáu ar dhe children?
desde que salieron de México. ¿Cómo están los niños?

ROPER: Here they are now.
Jíœr dhey ar náu.
Aquí están ahora.

STEVE, NICK AND ANN (all at once) Hello Mr. Rodríguez! How's
STÍIV, NIKK ÆND ÁEN (óol œt uáns) Jeló Mr. Rodríguez! Jáus
(todos al mismo tiempo) ¡Hola, Sr. Rodríguez! Cómo está

everything in Mexico? How long are you going to stay?
everizing in México? Jáu long ar iú going tu stey?
todo en México? ¿Cuánto tiempo va a quedarse?

Will you be in New York for some time?
Uíl iú bi in Niú Iórk for sœm táim?
¿Estará en Nueva York por algún tiempo?

RODRÍGUEZ (laughing) One at a time please. I'll be here for a year
(láfing) Uán œt e táim pliis. Áil bi jíœr for e yíœr
(riéndose) Uno por uno por favor. Estaré aquí un año

and we'll have some good times together.
œnd uíl jœv sœm gud táims tuguédœr.
y pasaremos buenos ratos juntos.

MRS. ROPER: Luis, this is my sister, Barbara.
Luís, dhis is mái síster, Bárbara.
Luís, ésta es mi hermana, Bárbara.

She is visiting New York for the first time too.
Shi is vísiting Niú Iórk for dhe fœrst táim túu.
Ella está visitando Nueva York por primera vez también.

RODRÍGUEZ: (enchanted with this new arrival): How do you do?
(enchánted uídh dhis niú arráival): Jáu du iú du?
(encantado con esta nueva llegada): Mucho gusto.

NOTA sobre cortesía: Cuando los americanos dicen "How do you do?", es simplemente un saludo que indica también *mucho gusto* en una presentación. La expresión "pleased to meet you" *mucho gusto en conocerle* ya no se usa tan comúnmente como antes.

ROPER: Here are some cocktails made from an old Roper recipe.
Jíœr ar sœm cókteils méid from an óuld Róuper résipi.
He aquí unos cocteles preparados según una antigua receta Roper.

I propose a toast to our two visitors.
Ái propóus e tóust tu áur tu vísitors.
Propongo un brindis por nuestros dos visitantes.

(The Ropers and the two guests take a cocktail)
(Dhe Róupers œnd dhe tu guests téic e cókteil)
(Los Roper y sus dos invitados toman un coktail)

ROPER (Aside to Rodríguez) Well, what do you think?
(Æsáid tu Rodríguez) Uél, juát du iú zinc?
(Aparte a Rodríguez) Bien, ¿qué te parece?

RODRÍGUEZ (Aside to Roper) She's beautiful! Why didn't you tell me sooner
(Æsáid tu Róuper) Shíis biútiful! Udy dídnt iú tel mi súner
(Aparte a Roper) ¡Es bella! ¿Por qué no me dijiste antes

that you had such a sister-in-law?
dhœt iú jad sœch e síster-in-lóo?
que tenías una cuñada así?

ROPER: I didn't mean Barbara, I meant the cocktail!
Ái dídnt miin Bárbara, Ái ment dhe cókteil!
¡Yo no quise decir Bárbara, quise decir el cocktail!

RODRÍGUEZ: Oh, the cocktail! Why...it's quite good.
Ó, dhe cókteil! Uáy...its quáit gud.
¡Ah, el coctel! Pues...está muy bueno.

MRS. ROPER: What are you whispering about? And, by the way,
Juát ar iú uíspering abáut? Ænd, bái dhe uéy,
¿Sobre qué están cuchicheando Uds.? Y, a propósito,

did you get tickets for a show tonight?
did iú guet tíkets for e shóu tunáit?
¿consiguieron billetes para una representación esta noche?

Roper: Unfortunately, they were sold out.
Œnfortiunétli, dhey uér sóuld áut.
Desgraciadamente ya se habían vendido.

Nick: In that case Dad, what about taking us to the night baseball game
In dhæt quéis Dad, juát abáut téiking œs tu dhe náit béisbool géim
En ese caso papá, ¿qué te parece que nos lleves esta noche al juego de béisbol

at the Yankee Stadium?
æt dhe Yánkqui Stædium?
en el Estadio de los Yanquis?

Mrs. Roper: Now don't interrupt us, Nick, I'm sure Mr. Rodríguez
Náu dont interrǽpt œs, Nick. Áim shur Mr. Rodríguez
Ahora no nos interrumpas, Nick. Estoy segura que al Sr. Rodríguez

isn't interested in baseball.
isnt interésted in béisbool.
no le interesa el béisbol.

Rodríguez: On the contrary! I have never seen a game here in the U. S. A.,
On dhe cóntreri! Ái jæv néver siin e guéim jíœr in dhe Iú. Es. Ei.,
¡Al contrario! Nunca he visto un juego aquí en los E. U.,

and I shall be delighted to see one.
ænd Ái shæl be diláited tu sii uæn.
y estaré encantado de ver uno.

Roper: Then that will be fine; we can all go!
Dhen dhæt uil bi fáin; ui cæn óol góu!
¡Entonces eso será bueno; podemos ir todos!

Rodríguez (to Barbara): When we arrive there, will you explain the game to me?
(tu Bárbara): Juén ui arráiv dhéer, uil iú expléin dhe guéim tu mi?
(a Bárbara): Cuando lleguemos allí, ¿me explicará el juego?

I don't understand the rules very well.
Ái dont œnderstænd dhe rúuls véri uél.
Yo no entiendo las reglas muy bien.

Nick: Oh, don't worry about that! Steve and I will tell you all about it!
Óu, dont uœrri abáut dhæt! Stiiv ænd Ái uil tel iú óol abáut itt!
¡Oh, no se preocupe por eso! ¡Esteban y yo se lo diremos todo!

Mrs. Roper: Now you children run along. We are going to have dinner.
Náu iú children ræn along. Uí ar góing tu jæv díner.
Ahora niños, váyanse de aquí. Nosotros vamos a comer.

(At the baseball game)
(*Æt dhe béisbool guéim*)
(En el juego de béisbol)

ROPER: You see Luís, baseball is so popular here that
Iú síi Luís, béisbool is so pópiular jíœr dhæt
Ves Luís, el béisbol es tan popular aquí que

they have special games at night.
dhey jæv spéshial guéims æt náit.
tienen juegos especiales de noche.

RODRÍGUEZ: I see. That way everyone can come.
Ái síi. Dhæt uéy éveriuœn cæn cœm.
Ya lo veo. De ese modo todos pueden venir.

BARBARA: I wonder how it would be to have night bullfights in Mexico.
Ái uænder jáu itt uúd bi tu jæv náit bulfáits in México.
Yo me pregunto cómo sería tener corridas nocturnas en México.

RODRÍGUEZ: I am afraid the bulls would be too sleepy to fight at night.
Ái æm afréid dhe buls uúd bi túu slíipi tu fáit æt náit.
Me temo que los toros estén demasiado somnolientos de noche.

But tell me, as you are my guide, who is playing and what is the score?
Bæt tel mi, as iú ar mái gáid, ju is pléying ænd juát is dhe scóor?
Pero dígame, ya que Ud. es mi guía, ¿quién está jugando y cómo está
el estado del juego?

BARBARA: The two teams are called the Yankees and the Red Sox,
Dhe tu tíims ar cóold dhe Yánkis ænd dhe Rex Sox,
Los dos equipos se llaman "Yanquis" y "Medias Rojas",

and you can see the score at the end of the stadium.
ænd iú cæn síi dhe scóor æt dhi end of dhe stádium.
y puede ver el marcador al fin del estadio.

NICK: Look, Mr. Rodríguez! Di Maggio is at bat. There! The pitcher
Luk, Mr. Rodríguez! Di Máyio is æt bat. Dhéer! Dhe pitcher
¡Mire, Sr. Rodríguez! Di Maggio está al bate. ¡Allí! ¡El lanzador

has thrown a fast one! DiMaggio hit! Look at it go! It's a home-run!
jas zróun e fæst uæn! Di Máyio jit! Luh æt itt góu! Itts e jóum-rœn!
ha tirado un rápido! ¡Di Maggio le da! ¡Mire cómo va! ¡Es un "home-
run"!

STEVE: He's not even looking at it! He keeps looking at Aunt Barbara!
Jis not íven lúking æt itt. Ji kips lúking æt Ant Bárbara!
¡Él ni aun lo mira! ¡Sigue mirando a tía Bárbara!

What a waste of time at a ball game!
Juát e uéist of táim æt e bóol guéim!
¡Qué desperdicio de tiempo en un juego de pelota!

RODRÍGUEZ (to Barbara): Tell me, do many people bet on these games?
Tel mi, du méni plipl bet on dhiis guéims?
Dígame, ¿mucha gente apuesta en estos juegos?

BARBARA: Indeed they do.
Indiid dhey du.
Claro que sí.

RODRÍGUEZ: Do you?
Du iú?
¿Apuesta usted?

BARBARA: Sometimes, It depends.
Sǽmtaims. Itt dipénds.
Algunas veces. Eso depende.

RODRÍGUEZ: All right. Let's make a bet. I'll take the Yankees.
Óol ráit. Lets méik e bet. Áil téik dhe Yánkis.
Bueno. Hagamos una apuesta. Iré a los Yanquis.

BARBARA: But tell me first, what are we betting?
Bæt tel mi fœrst, juát ar uí béting?
Pero dígame primero, ¿qué estamos apostando?

RODRÍGUEZ: If your team wins, I owe you an invitation to lunch.
If iúr tíim uins, Ái óu iú an invitéshiœn tu lœnch.
Si su equipo gana, yo le debo una invitación a almorzar.

If my team wins, you must have lunch with me tomorrow.
If mái tíim uins, iú mœst jæv lœnch uidh mi tumórou.
Si mi equipo gana, usted debe almorzar conmigo mañana.

BARBARA: It seems to me that it is almost the same thing.
Itt síims tu mi dhæt itt is ólmost dhe séim zing.
Eso me parece que es casi la misma cosa.

However, if it will make the game interesting for you I'll accept.
Jauéver, if itt uil méik dhe guéim interésting for iú Áil accépt.
Sin embargo, si eso hará el juego más interesante para Ud., aceptaré.

RODRÍGUEZ: Wonderful! Let's go Yankees! Let's see some action.
Uǽnderful! Lets góu Yánkis! Lets sii sœm ácshiœn.
¡Admirable! ¡Vamos, Yanquis! Veamos algo de acción.

NICK TO STEVE: Look at him now! I wonder what made him interested in
Luk æt jim náu! Ái uónder juát méid jim interésted in
¡Mírale ahora! Yo me pregunto qué le hizo interesarse en

the game all of a sudden. Soon he'll be throwing bottles at the umpire!
dhe guéim óol of e sǽden. Súun jil bi zróuing botls æt dhe ǽmpair!
el juego tan de repente. ¡Pronto lo veremos tirándole botellas al árbitro!

(After the game)
(*Áfter dhe guéim*)
(Después del juego)

ROPER: Well Luís, how did you like your first baseball game?
Uél Luís, jáu did iú láik iúr fǽrst béisbool guéim?
Bueno Luís, ¿cómo te gustó tu primer juego de béisbol?

RODRÍGUEZ: From now on, you can consider me a real fan.
From náu on iú cæn consíder mi e ríæl fan.
De ahora en adelante puedes considerarme un verdadero fanático.

MRS. ROPER: How did you know which team would win?
Jáu did iú nóu juich tiim uúd uin?
¿Cómo supo qué equipo ganaría?

RODRÍGUEZ (with a sidelong look at Barbara): I think it is because
(*uidh e sáidlong luk æt Bárbara): Ái zinc itt is bicóos*
(con una mirada de reojo a Bárbara): Yo creo que es porque

tonight I am very lucky.
tunáit Ái æm véri lǽki.
esta noche estoy muy afortunado.

PENSANDO EN INGLÉS
(Búsquense las contestaciones en la página 237)

1. Who is invited to dinner at the Roper's house?
2. Did Rodríguez know the Ropers in Mexico?
3. Whom does Rodríguez meet that he did not know before?
4. What does Roper propose in honor of the two visitors?
5. Did Roper get tickets for "South Pacific"?
6. What do they decide to do instead of going to the theatre?
7. Has Rodríguez ever seen a baseball game in America?
8. Are most Americans interested in baseball?
9. What are the two teams called?
10. Is Rodríguez very much interested in baseball?
11. Do people bet on baseball games?
12. Do many people bet on horse races?
13. What bet does Rodríguez make with Barbara?
14. Which team does Rodríguez choose?
15. Does Barbara bet on the game too?
16. Does Rodríguez develop a sudden interest in the game?
17. Have you ever seen a baseball game?
18. Which do you prefer, baseball or bullfights?

ANSWERS

NOTA: Para la perfecta comprensión de estos ejercicios, se advierte a los alumnos que se ha seguido un método de conversación sostenida (imaginariamente) entre el Profesor Berlitz y el alumno. Por ejemplo:

Profesor: Am I Mr. Berlitz?

Alumno: Yes, you are Mr. Berlitz (Lec. 5, 5a. preg.)

El Profesor Berlitz, aunque invisible en esta conversación, estará presente para guiar a usted a hablar bien el inglés.

CONTESTACIONES A LAS PREGUNTAS DE LA LECCIÓN 1
EN LA PÁGINA 3

1. It is the book.
2. Yes, it is the book.
3. No, it is not the box; it is the book.
4. No, it is not the table.
5. No, it is not the door.
6. It is the box.
7. No, it is not the lamp.
8. No. it is not the chair.
9. It is the key.
10. It is the pencil.
11. No, it is not the book.
12. No, it is not the pen.
13. No, it is not the door.
14. No, it is not the key.
15. It is the table.

CONTESTACIONES A LAS PREGUNTAS DE LA LECCIÓN 2
EN LA PÁGINA 6

1. It is the shoe.
2. It is the shoe.
3. It is not the tie, nor the handkerchief; it is the shoe. (It is neither the tie nor the handkerchief; it is the shoe.)
4. It is the glove.
5. No, it is not the handkerchief; it is the glove.
6. No, it is not the pencil; it is the glove.
7. It is the hat.
8. No, it is not the dress; it is the hat.
9. No, it is not the overcoat; it is the hat.
10. It is neither the jacket nor the shirt; it is the hat.
11. Yes, it is the hat.
12. Fine, thank you, and you?

CONTESTACIONES A LAS PREGUNTAS DE LA LECCIÓN 3
EN LA PÁGINA 11

1. No, the pen is not red.
2. No, the pen is not gray.
3. The pen is green.
4. No, the pen is not white; it is green.
5. The pencil is yellow.
6. It is the pencil.
7. Yes, it is the pencil.
8. It is yellow.
9. No, it is not red; it is yellow.
10. No, the lamp is not green.
11. No, it is not the table.
12. No, it is not the chair.
13. It is the lamp.
14. Yes, it is the lamp.
15. The lamp is blue and white.
16. No, the lamp is not yellow and green; it is blue and white.
17. No, the book is not yellow.
18. No, the book is not brown.
19. No, the book is not blue.
20. The book is black and red.

CONTESTACIONES A LAS PREGUNTAS DE LA LECCIÓN 4
EN LA PÁGINA 15

1. Yes, the red book is long.
2. Yes, it is wide.
3. Yes, it is large.
4. Yes, the green book is short.
5. Yes, it is narrow.
6. Yes, it is small.
7. The large book is red.
8. The small book is green.
9. The long dress is black.
10. No, it is not red; it is black.
11. Yes, the black dress is long.
12. No, it is not short; it is long.
13. The short dress is yellow.
14. No, it is neither black nor green; it is yellow.
15. The wide window is blue.
16. It is blue.
17. No, it is not gray; it is blue.
18. No, the red window is not wide.
19. The blue window is wide.
20. Yes, it is large.
21. No, it is not small.
22. The small window is red.
23. The large window is blue.

CONTESTACIONES A LAS PREGUNTAS DE LA LECCIÓN 5
EN LA PAGINA 20

1. I am the student.
2. No, I am not North American.
3. No, I am not the teacher.
4. Yes, I am Cuban. (No, I am not Cuban.)
5. Yes, you are.
6. Yes, you are the teacher.
7. No, you are not South American.
8. No, you are not Colombian; you are American.
9. No, he is not American; he is Mexican.
10. No, he is not Chilean; he is Mexican.
11. No, she is not American; she is Argentinian.
12. She is Brazilian.
13. General Eisenhower is American.
14. He is American.
15. He is Russian.
16. He is Japanese.

CONTESTACIONES A LAS PREGUNTAS DE LA LECCIÓN 6
EN LA PÁGINA 25

Yes, the professor's hat is black.

Yes, the cowboy's hat is large.

His hat is white.

Yes, your hat is green. (No, your hat is not green.)

No, her pocket-book is not small.

No, it is not large; it is small.

This pencil is blue.

8. No, that pencil is not red; it is green.
9. His handkerchief is white.
10. His house is large.
11. Yes, that is his book.
12. Her pocket-book is white.
13. Yes, her skirt is long.
14. No, her skirt is not long; it is short.

CONTESTACIONES A LAS PREGUNTAS DE LA LECCIÓN 7
EN LA PÁGINA 32

The book is on the table.

No, the book is not under the chair; it is on the table.

No, the pen is not on the table.

The pen is in the box.

The box is under the table.

The teacher is behind the table.

No, the teacher is not on the table.

No, the teacher is not standing on the table.

The teacher is standing before the door.

10. Yes, I am sitting on the chair. (No, I am not sitting on the chair.)
11. Yes, the paper is in the book.
12. No, the paper is not in the box.
13. The hat is on the chair.
14. No, the box is not on the table.
15. No, the pen is not on the box; it is in the box.
16. No, the key is not under the chair.
17. Yes, that pencil is black.
18. Yes, it is black.
19. It is large.

CONTESTACIONES A LAS PREGUNTAS DE LA LECCIÓN 8
EN LA PÁGINA 40

The teacher takes the book.

Yes, he takes the book.

No, he doesn't put the book under the table.

No, he doesn't take the box.

He is standing.

No, he doesn't close the window.

He opens the window.

No, he doesn't open the door; he opens the window.

9. Yes, I open the door. (No, I don't open the door.)
10. No, he doesn't open the box; he opens the window.
11. Yes, the teacher goes to New York.
12. No, he doesn't go to Paris; he goes to New York.
13. Yes, he is in an airplane.
14. New York is large.
15. No, I am not in Hollywood.
16. The teacher goes to New York.

CONTESTACIONES A LAS PREGUNTAS DE LA LECCIÓN 9
EN LA PÁGINA 45

1. I count from 1 to 10.
2. You count.
3. The teacher counts his money.
4. There are two chairs in this room.
5. Yes, there is one table.
6. There is one box on the table.
7. 5 times 6 makes 30.
8. No, 2 times 2 doesn't make 5; it makes 4.
9. 7 times 3 makes 21.
10. The New York *Times* costs 5 cents.
11. This book costs $2.50.
12. No, it doesn't cost $10.00.
13. No, it doesn't cost $100.00. It cos $25.00.
14. There are 100 cents in a dollar.
15. No, 6 and 2 doesn't make 6; it mak 8.

CONTESTACIONES A LAS PREGUNTAS DE LA LECCIÓN 10
EN LA PAGINA 51

1. There is a newspaper under the teacher's left arm.
2. Yes, there is.
3. Yes, there is a pipe in the teacher's pocket.
4. The paper is on the chair.
5. No, the ruler is not under the teacher's right foot.
6. There are 2 pens in the teacher's right hand.
7. There are some pencils in the box.
8. There are some keys on the table.
9. The books are on the table.
10. Yes, there are some pictures on th wall.
11. Yes, there are two dogs under t table.
12. There are 4 books on the table.
13. Yes, there is some money in t teacher's pocket. (a little.)
14. Yes, there is a hat on the small chai

CONTESTACIONES A LAS PREGUNTAS DE LA LECCIÓN 11
EN LA PÁGINA 57

1. I write the letter A.
2. You write the word "Liberty".
3. Mr. Jones writes the alphabet on the black board.
4. I read the sentence, "I am American."
5. There are 36 letters in the sentence.
6. Yes, I read English.
7. Yes, he reads English.
8. Yes, he speaks English.
9. No, he doesn't speak Russian.
10. I speak Spanish and some English.
11. Yes, she speaks French.
12. The word "gentleman" is neith German nor French; it is English.
13. Yes, you say the alphabet.
14. No, I don't say the Russian alphab
15. The English teacher says the Engli alphabet.
16. English is spoken in New York.
17. Yes, Spanish is spoken in Mexico Ci
18. No, Russian is not spoken in Madri
19. Neither Spanish nor English is spok in Berlin. German is spoken there.

CONTESTACIONES A LAS PREGUNTAS DE LA LECCIÓN 12
EN LA PÁGINA 62

1. The teacher writes on the black board.
2. No, Mrs. Wiggs is not writing.
3. She is reading the New York *Times.*
4. She is reading a comic book.
5. The teacher writes "Attention" on the black board.
6. The teacher writes with the chalk on the black board.
7. No, the teacher doesn't write the alphabet.
8. Yes, she reads an American newspaper.

9. Yes, he speaks English.
10. No, he doesn't speak English.
11. Yes, I read English.
12. Yes, I speak Spanish.
13. Yes, he speaks French.
14. No, she doesn't speak Spanish.
15. She is sitting on the floor.
16. There are 26 letters in the English alphabet.
17. There are 28 letters in the Spanish alphabet.
18. There are 5 vowels in the English alphabet.

CONTESTACIONES A LAS PREGUNTAS DE LA LECCIÓN 13
EN LA PÁGINA 70

1. Yes, the students go to the Berlitz school.
2. Yes, their hats are on their heads.
3. Yes, we go to the movies.
4. We put our gloves on the table.
5. Yes, the students open their books in class.
6. Yes, we close the door after the lesson.
7. Yes, we open the window. (No, we do not.)

8. Yes, the teacher writes on the black board.
9. Yes, we write English words.
10. No, we take our books home.
11. Yes, the students come to school.
12. Yes, they read their books.
13. No, we do not read the newspaper in class.
14. We put the pencils in our pockets.
15. Yes, I write my exercises after the lesson.

CONTESTACIONES A LAS PREGUNTAS DE LA LECCIÓN 14
EN LA PÁGINA 75

1. Peggy has 5 cents.
2. No, she has not so much money as the teacher.
3. The teacher has more money than Mrs. Wiggs.
4. Yes, the teacher has pencils behind his ears.
5. Yes, he has more pencils than Peggy.
6. Yes, Peggy has less money than the teacher.

7. Mrs. Wiggs has more books than the teacher.
8. Peggy has less money than Mrs. Wiggs.
9. No, Peggy has not much money; she has little money.
10. No, the teacher has not many books; he has only one.
11. No, I do not read many English books.

12. Yes, there are many pages in this book.

13. No, the N.Y. *Times* has not so many pages as this book.

14. The teacher has more books than I.

CONTESTACIONES A LAS PREGUNTAS DE LA LECCIÓN 15 EN LA PÁGINA 78

1. Yes, there are some hats on the chair.
2. There is a handkerchief in the teacher's pocket.
3. His handkerchief is white.
4. No, there are not many tables in the room; there is only one.
5. The teacher's hands are before him. (in front of him.)
6. His shoes are black.
7. Yes, his coat is the same color as his shoes.
8. No, some are black and white; one is white.
9. It is on the table.
10. I count two cigarettes.
11. No, there are more hats on the chair than people in the room.
12. The teacher is between the chair and the table.
13. No, the teacher hasn't a hat on his head.
14. A hat costs 10 or 12 dollars.
15. There are 3 pens in the box.

CONTESTACIONES A LAS PREGUNTAS DE LA LECCIÓN 16 EN LA PÁGINA 83

1. Yes, the teacher has a cigarette in his hand.
2. There is a handkerchief in Mrs. Wiggs' left hand.
3. No, Peggy has nothing in her right hand.
4. There is nothing in her left hand.
5. No, there is no one on the teacher's left.
6. Peggy is in front of Mrs. Wiggs.
7. Yes, there is a book in Mrs. Wiggs' right hand.
8. No one is sitting on the chair.
9. No, there is nothing on the table.
10. There is a newspaper in the teacher's left hand.
11. Peggy and Mrs. Wiggs are on his right.
12. There is nothing under the chair.
13. No, there is no one in front of Peggy.
14. No one is on her left.
15. Yes, the teacher is behind the table.
16. No, the teacher hasn't a hat on his head.
17. The teacher has nothing on his head.

CONTESTACIONES A LAS PREGUNTAS DE LA LECCIÓN 17 EN LA PÁGINA 88

1. Simone goes out of the room.
2. Yes, Ann is seated.
3. No, Bert does not sit down.
4. Bert gets up.
5. Yes, Herbert comes into the room.
6. No, Simone doesn't come into the room; she goes out.
7. No, Herbert doesn't go out of the room; he comes in.
8. No, the teacher doesn't go out of the room; he comes into it.

. Yes, they are standing.
. He is coming into the room.
. No, the teacher is not seated; he is standing.
. Yes, I get up after the lesson.

13. Yes, I sit down on the chair.
14. You sit down on the chair.
15. Yes, the pupils go out after the lesson.
16. Yes, we sit down at the movies.
17. Yes, I sit down in church.

CONTESTACIONES A LAS PREGUNTAS DE LA LECCIÓN 18 EN LA PÁGINA 94

Yes, the teacher gives a book to Mrs. Wiggs.
The teacher gives Peggy a penny (one cent).
She is giving the dog a ball.
No, they do not give him a hat.
No one speaks to Peggy.
The teacher doesn't say anything to her.
No, Mrs. Wiggs doesn't say anything to Rover.
Yes, she gives him something.
He doesn't say anything.

10. Yes, the students speak to him during the lesson.
11. Yes, they say "good morning" to him before the lesson.
12. After the lesson the teacher tells them "good bye."
13. There is a ball in Mrs. Wiggs' left hand.
14. I tell you that there is a ball in Mrs. Wiggs' left hand.
15. The teacher doesn't say anything to Mrs. Wiggs.
16. She says, "Thank you, sir" (to him).

CONTESTACIONES A LAS PREGUNTAS DE LA LECCIÓN 19 EN LA PÁGINA 100

The teacher smells the onion with his nose.
No, the onion hasn't a good odor.
Yes, the rose has a good odor.
Mrs. Wiggs is smelling a rose.
No, I don't see the things behind me.
Yes, we see the things before us.
No, we don't hear anybody (anyone) knocking on the table.
Yes, I hear the President of the United States speak on the radio.
Yes, we eat bread.
Yes, we see Charlie Chaplin in the movies.

11. Yes, we put sugar in coffee.
12. Yes, many people eat white bread.
13. Yes, Americans drink much Coca Cola.
14. No, we don't put sugar on meat.
15. Yes, I put milk in tea. (No, I don't put milk in tea.)
16. We cut meat with a knife.
17. No, we don't eat peas with a knife.
18. I write with a pencil or a pen.
19. No, we don't drink with our nose.
20. We drink with our mouth.

CONTESTACIONES A LAS PREGUNTAS DE LA LECCIÓN 20
EN LA PÁGINA 105

1. We cut meat with a knife.
2. No, we don't eat meat with a spoon.
3. We eat soup with a spoon.
4. Yes, I like the odor of a rose.
5. No, I don't like the odor of cheese.
6. Yes, I like coffee with sugar.
7. No, I don't like soup without salt.
8. No, I don't like the smell of garlic.
9. Yes, I like the taste of strawberries.
10. Yes, I like cheese. (No, I don't like cheese.)
11. Yes, I like tea without sugar. (No, I don't like tea without sugar.)
12. Yes, I like beer.
13. Yes, young ladies like flowers.
14. Yes, I like to speak English.
15. Yes, the Statue of Venus is beautiful.
16. Yes, the dresses in the 5th Ave. windows are beautiful.
17. The owl is ugly.
18. Yes, the peacock is beautiful.
19. Yes, the Spanish language is beautiful.
20. Yes, I like to hear it.

CONTESTACIONES A LAS PREGUNTAS DE LA LECCIÓN 21
EN LA PÁGINA 109

1. Yes, Peggy touches Rover.
2. No, she cannot touch the teacher's right hand.
3. Yes, he can touch her hat.
4. No, he does not touch it.
5. Yes, the lamp is low.
6. Yes, the teacher can touch it.
7. The teacher doesn't touch anything.
8. Yes, the teacher wears glasses.
9. No, he isn't able to see well without glasses.
10. Yes, he can go out of the room.
11. No, you cannot write.
12. No, we cannot see what is behind us.
13. No, they cannot touch the ceiling.
14. Yes, I can break a match.
15. No, I cannot break the door key.
16. Yes, I am able to touch my book.

CONTESTACIONES A LAS PREGUNTAS DE LA LECCIÓN 22
EN LA PÁGINA 114

1. Yes, the students can break the window with a ball.
2. Yes, I can go out.
3. No, I don't want to go out.
4. Yes, I can break the window.
5. No, I don't want to break the window.
6. No, I don't want to speak Spanish now.
7. Yes, I want to speak English.
8. I want to read the book.
9. No, I don't want to drink anything, thank you.
10. Yes, I want to eat a steak.
11. Nothing, thank you.
12. No, we cannot go out if the door is not open.
13. No, we cannot eat soup without a spoon.
14. No, we cannot cut meat without a knife.
15. The pupils do not tear their book because they don't want to.
16. I don't break my watch because don't want to break it.

CONTESTACIONES A LAS PREGUNTAS DE LA LECCIÓN 23
EN LA PÁGINA 119

1. Yes, Peggy wants to eat the apple.
2. No, she cannot touch it.
3. No, the teacher doesn't give Peggy the apple.
4. He doesn't give it to Peggy, because he doesn't want to.
5. No, he doesn't want to give it to Peggy.
6. Yes, I must open the door to go out.
7. Yes, we must open our eyes.
8. Yes, I must have money to travel.
9. We must have pencil and paper.
10. I must open the door if I want to go out.
11. No, Mr. Berlitz cannot see without his glasses.
12. To read, I must have a book or a newspaper.
13. We must have tickets to go to the opera.
14. No, I cannot eat soup with a knife.
15. We must have a spoon in order to eat soup.
16. Yes, you must have money to go to the movies.
17. Yes, the waiter brings the food to the table.
18. You leave a tip for the waiter on the table.
19. Yes, you must pay for the food.

CONTESTACIONES A LAS PREGUNTAS DE LA LECCIÓN 24
EN LA PÁGINA 127

1. Yes, there are clocks in this room.
2. They are on the wall and on the table.
3. I have a pocket watch.
4. I put the pocket watch in my pocket.
5. My watch is of gold (of steel, of silver, etc., etc.).
6. Yes, my watch has a second hand.
7. 24 hours make up a day.
8. There are 60 seconds in a minute.
9. No, my watch is not fast; it is just right.
10. The table is made of wood.
11. Yes, this chair is also (made) of wood.
12. Yes, the table is larger than the chair.
13. No, the picture is not longer than the wall; it is shorter.
14. No, the door is larger than the window.
15. Yes, the jacket is longer than the vest.
16. Yes, the peach is better than the apple. (No, the peach is not better than the apple.)
17. No, I do not pronounce French well.
18. Yes, I see well.
19. No, he does not see well without glasses.
20. Yes, he sees better with glasses.

CONTESTACIONES A LAS PREGUNTAS DE LA LECCIÓN 25
EN LA PÁGINA 133

1. There are 365 days in a year.
2. The week is composed of 7 days.
3. The year begins on the first of January.
4. It ends on the 31st of December.
5. The first month is January; the third is March; the fifth month is May.
6. They are: Monday, Tuesday, Wednesday, Thursday, Friday, Saturday and Sunday.

7. The last day of the week is called Sunday.
8. Today is Monday.
9. No, yesterday was not Sunday.
10. I go to church on Sunday.
11. Yes, Friday will be the 15th.
12. Today is the 11th.
13. Next Monday will be the 17th.
14. Last Monday was the 4th.
15. No, tomorrow will not be the end of the month.
16. It is now exactly 10 o'clock.
17. We work 6 days a week.
18. No, I don't work on Sunday.
19. Independence Day falls on the 4th of July.

CONTESTACIONES A LAS PREGUNTAS DE LA LECCIÓN 26 EN LA PÁGINA 138

1. They are divided into night and day.
2. It is light during the day.
3. No, it is not dark now. (Yes, it is dark now.)
4. The light of the day comes from the sun.
5. The sun is in the sky.
6. The electric light lights this room at night.
7. We light the electric light.
8. We see the moon and the stars.
9. The sun rises in the east.
10. The sun rises at 6 in the morning.
11. The days are long in the summer.
12. Yes, in summer the days are longer than the nights.
13. The nights are long in winter.
14. We put on the light at night.
15. Generally I go to bed at 11.
16. I rise at 7.
17. I have breakfast at 8.
18. I begin my work at 9.
19. My work ends at 5.
20. Certainly, I like to work. (No, I don't really like to work.)

CONTESTACIONES A LAS PREGUNTAS DE LA LECCIÓN 27 EN LA PÁGINA 145

1. It is gray.
2. It is covered with clouds.
3. No, it is not raining now.
4. Snow falls from the sky in winter.
5. No, I don't like to walk along the street when it is raining.
6. I carry an umbrella and a hat when it rains.
7. Today the weather is fine. (Today the weather is bad.)
8. No, I don't go out in bad weather (unless necessary).
9. Yes, it is cold at the North Pole.
10. It snows in the United States in December, January, February, and sometimes in March.
11. Yes, it snows often in February.
12. No, it snows rarely in April.
13. The rain comes from the clouds in the sky.
14. No, it is not pleasant to walk in the rain.
15. We wear heavy clothes during the winter months.
16. Usually the weather in Los Angeles is sunny.
17. I sit near the fire to warm myself.
18. The sun shines during the day.

CONTESTACIONES A LAS PREGUNTAS DE LA LECCIÓN 28
EN LA PÁGINA 151

The Pilgrims first arrived in Massachusetts in 1620.

Christopher Columbus was the discoverer of the New World.

Abraham Lincoln was a famous President of the United States.

He was shot while he was at a theater.

Yes, Alfred studied his history lesson.

After the movies Frank went to Helen's house.

At the party he found John, Charles, Helen, and many other friends.

The first question the teacher asked was: "In what year did the Pilgrims arrive in Massachusetts?"

No, Alfred did not know the correct answer.

I wake up in the morning at 7 o'clock.

11. Yesterday I woke up at 6:30.
12. I got up at a quarter to 7.
13. Before breakfast I washed, dressed and combed my hair.
14. I put on a gray suit.
15. No, I washed with hot water.
16. Yes, I dressed in a hurry.
17. Yes, I had my breakfast early.
18. Yes, I took milk in my coffee.
19. Yes, last week I received many letters.
20. Yes, I answered them.
21. Yes, I took a walk yesterday.
22. I went to Central Park.
23. No, I heard only a few concerts last winter.
24. Yes, I laughed very much at the movies last night.

CONTESTACIONES A LAS PREGUNTAS DE LA LECCIÓN 29
EN LA PÁGINA 156

Yes, he has gone to sleep in the hammock.

Yes, he has kept his shoes on.

Yes, he has taken off his coat.

He has put his coat on a chair.

Yes, he has finished drinking the lemonade.

He has placed the glass on the table.

He has dropped the newspaper on the ground.

Yes, I have bought a new suit this season.

No, I have not read the New York *Times* today,

Yes, she has read it.

11. Mr. Bertin has called up Miss Scary.
12. No, he has not spoken to her this week.
13. Yes, she has left the apartment.
14. She has gone to the ship.
15. Yes, all her trunks have been sent to the ship.
16. This year she has decided to go to Australia.
17. No, the boat has not left yet.
18. Yes, I have. (No, I have not.)
19. Yes, I have gone to New York this year.
20. Yes, I have seen them. (No, I have not seen them.)

CONTESTACIONES A LAS PREGUNTAS DE LA LECCIÓN 30
EN LA PÁGINA 162

1. This evening the teacher will go to Mrs. Wiggs' house.
2. Yes, she will be home tonight.
3. The teacher will come to dinner at Mrs. Wiggs'.
4. Yes, Mr. Tyson will get up late tomorrow.
5. Because tomorrow will be a holiday.
6. I shall work 6 days next week.
7. On the other day we shall rest.
8. Tomorrow the Tysons will go to the beach.
9. No, they are not going to invite them.
10. Yes, they will go by car.
11. The car will be ready at 11 o'clock.
12. The garage man will check the ga and tires.
13. No, the telephone call does no change their plans.
14. Yes, I hope that I shall travel to th United States soon.
15. I shall go by airplane.
16. Yes, we shall eat lunch together nex week.
17. I want you to call me on Wednesda
18. Yes, invite Bill. (No, don't invi Bill.)
19. We shall meet at the club.

CONTESTACIONES A LAS PREGUNTAS DE LA LECCIÓN 31
EN LA PÁGINA 169

1. To live, animals must eat, drink, and breathe.
2. We need food and air to live.
3. The five senses are: touch, hearing, smell, taste, sight.
4. Some domestic animals are: the horse, the cow, the cat, the dog, the chicken, the pig, and the sheep.
5. We breathe with our nose.
6. Fish live in the water.
7. The serpent moves by crawling.
8. The bee is useful because it makes honey.
9. Some wild animals are: the lion, the tiger, the elephant, and the wolf.
10. A dog has four paws.
11. A bird has two legs.
12. Animals walk, run, and jump wit their legs.
13. Birds fly in the sky.
14. Yes, fish swim in the ocean.
15. No, we cannot live without eatin and breathing.
16. Blood is red.
17. The heart makes the blood circulat
18. The heart is in the middle of th chest.
19. Yes, my health is good, thank you.
20. No, if I eat too much I shall n digest my food easily.

CONTESTACIONES A LAS PREGUNTAS DE LA LECCIÓN 32
EN LA PÁGINA 175

1. The teacher is happy because he has much money.
2. No, Peggy is not happy.
3. She is crying because she has broken her doll.
4. Yes, she is sad.
5. No, man is not superior to the anim in all things.
6. No, one cannot speak correctly wit out thinking.
7. Now I am learning English.
8. Yes, I have learned to dance.

9. Yes, I know the name of the President of the United States.
10. No, you do not know how many stars there are in the sky.
11. No, we do not know what the weather will be next week.
12. Yes, the teacher knows the distance from Washington to New York.
13. Yes, I have learned German.

14. Yes, I still know it.
15. No, I have not forgotten it.
16. Yes, I have a good memory.
17. Yes, I am pleased when I see that the weather will be good.
18. Yes, I am pleased to leave the city in the summer.
19. No, I am not afraid to walk in the dark.

CONTESTACIONES A LAS PREGUNTAS DE LA LECCIÓN 33
EN LA PÁGINA 181

1. Mr. Rodríguez is going first to Miami and then to New York.
2. Yes, he thinks he knows him.
3. He speaks to the stewardess.
4. Roper got on board the plane in Havana.
5. Rodríguez was already on it.
6. Rodríguez will go to the United States to study medicine.
7. The passengers must fill out a customs declaration.
8. They see Miami from the air.
9. They are two different cities separated by a bay.
10. When the plane lands, the stewardess says: "Kindly keep your seats, until the pilot leaves his place."

11. The passengers must first go to the Immigration Section.
12. Yes, it usually takes much time to go through the customs.
13. No, I cannot go to the United States without a passport.
14. Rodríguez has a Mexican passport.
15. Roper has an American diplomatic passport.
16. No, Rodríguez has not been in the United States before.
17. Yes, I have been there. (No, I have not been there.)
18. I prefer to visit ——

CONTESTACIONES A LAS PREGUNTAS DE LA LECCIÓN 34
EN LA PÁGINA 190

1. Yes, I must have a passport to go to the United States.
2. I say, "Here is my passport, sir."
3. Rodríguez is coming to the United States to study medicine.
4. Yes, the customs inspector is polite to Rodríguez.
5. No, unfortunately customs inspectors are not always polite.
6. Rodríguez finished the inspection first.

7. Roper took a long time because he forgot to have his vaccination.
8. Yes, Rodríguez considers it very expensive.
9. Yes, some articles are relatively cheap in the United States.
10. They ask for a double room with bath.
11. It is equipped with television.
12. No, they don't want to look at it tonight.

13. Because they are tired.
14. He gives them a room with bath.
15. Because they want to go on the same flight.
16. Yes, he is able to accommodate them.

17. The flight will leave at 8:30.
18. It will leave the hotel at 7:45.
19. I tell him, "Please call me at 7 in the morning."

CONTESTACIONES A LAS PREGUNTAS DE LA LECCIÓN 35 EN LA PÁGINA 198

1. No, Roper did not wake up the first time he was called.
2. Yes, Rodríguez was still sleeping when the phone rang.
3. They tell the desk clerk that they want their bill.
4. Yes, the bill is ready.
5. Roper pays the bill.
6. Yes, Rodríguez will settle with him later.
7. The bellboy puts the bags in a taxi.
8. Roper doesn't want the bellboy to take the small bag because all his papers are in it.
9. Yes, Roper is nervous.
10. His wife will meet him in New York.
11. Yes, they tell the driver to hurry to the airport.

12. Roper gives him a large tip because he feels he deserves it.
13. The usual tip in the United States is 10% or 15% of the bill (check).
14. Yes, they get to the airport in time.
15. No, they have not had breakfast yet.
16. They first see the harbor.
17. They see the Statue of Liberty.
18. They land at La Guardia Airport.
19. Yes, Roper recommends the Hotel Waldorf-Astoria.
20. I ask him, "Can you recommend a good hotel to me?"
21. He will telephone him the next day in the morning.
22. Yes, Rodríguez will wait for his call.

CONTESTACIONES A LAS PREGUNTAS DE LA LECCIÓN 36 EN LA PÁGINA 206

1. Rodríguez was waiting for him in the lobby of the hotel.
2. Rodríguez wanted to buy a hat.
3. They see the Grand Central Building.
4. No, they run below it.
5. New Yorkers move very quickly.
6. The numbered streets run south to north.
7. The avenues run east to west.
8. Yes, he has seen Radio City in the movies.
9. No, it is no longer the tallest building in New York.
10. He says, "I should like to buy a hat."

11. No, he doesn't know his exact size.
12. Because in Mexico centimeters are used for measuring, instead of inches.
13. No, he doesn't like the first hat the salesman shows him.
14. Because the store is having a sale.
15. Yes, it is a bargain.
16. Yes, he can change his traveler's check.
17. I can change it at the bank, hotel or at the store.
18. No, Rodríguez takes it with him.
19. They go to see some more of the city.

CONTESTACIONES A LAS PREGUNTAS DE LA LECCIÓN 37
EN LA PÁGINA 214

No, he cannot make a special rate with the driver.

The United Nations buildings are on the East River near 42nd Street.

Yes, it is very bad.

The Empire State Building is the tallest building in the world.

No, he is not telling the truth.

Yes, Rodríguez knows it is a joke.

Because it is the financial capital of the world.

They get out of the taxi because the ride is costing too much money.

No, he cannot find it without asking a passerby.

No, he is a stranger, too.

11. No, I don't think he is a good guide.
12. It is especially crowded because the people who work downtown are returning home.
13. It is called the "Great White Way" because the lights, at night, make it almost as bright as day.
14. Yes, there are many theaters on Broadway.
15. Rodríguez wants to see *South Pacific*.
16. No, they do not arrive there.
17. Evidently they have taken the wrong train.
18. They arrive in Brooklyn.
19. Yes, they will be late for dinner.
20. Yes, perhaps I would.

CONTESTACIONES A LAS PREGUNTAS DE LA LECCIÓN 38
EN LA PÁGINA 222

Rodríguez is invited to dinner at the Ropers'.

Yes, he knew them in Mexico.

He meets Barbara Steele there.

He proposes a toast.

No, he didn't get them.

They decide to go to the baseball game.

No, he has never seen a baseball game in America.

Yes, they are very interested.

They are called "the Yankees and the Red Sox."

10. No, he is not very much interested.
11. Yes, they bet on baseball games and many other things.
12. Yes, they bet on them.
13. He bets with her that if she loses she will lunch with him the next day.
14. Rodríguez chooses the "Yankees".
15. Yes, she bets on the game too.
16. When the bet is made Rodríguez develops a sudden interest in the game.
17. Yes, I have. (No, I haven't.)
18. I prefer bullfights.

GLOSSARY

A

a un, una
able capaz
about acerca de, más o menos
absent ausente
accept aceptar
across al otro lado
action acción
advertising display ostentación de
  anuncios
afraid miedo
after después
afternoon tarde
afterwards después
again de nuevo
ago hace
a great deal mucho
ahead más allá, adelante, delante
air aire
airport aeropuerto
aisle pasillo
alarm clock reloj despertador
alive vivo, a
all right muy bien, bueno, bien
almost casi
alone solo, a
alphabet alfabeto
also también, además

always siempre
am soy estoy
amazing asombroso
America América
American americano, a
among entre
amphibian anfibio
amusing divertido, a
an un, una
and y
angry enojado
animal animal
annoy molestar
annoyance molestia
another otro, a
answer contestar, responder
any cualquier, a; algún, o, a, os, as;
  ningún, o, a (con frases negativas)
anyone alguien; nadie (con frase
  negativa)
anything algo; nada (con frase
  negativa)
anyway de todas maneras, de
  todos modos
apartment departamento
apple manzana
apostrophe apóstrofe
April abril

238

arabic   arábigo, a
are   eres, (Ud.) es, somos, sois, son;
   estás, (Ud.) está, estamos, estáis,
   están
arm   brazo
arrange   arreglar
arrival   llegada
arrive   llegar
article   artículo
as   como
aside   aparte
as many as   tantos como, tantas
   como
as much as   tan, tanto como, tanta
   como
ask   preguntar, pedir
asparagus   espárragos
assure   asegurar
at   a, para, en
at once   al momento, en seguida
August   agosto
aunt   tía
automobile   automóvil
autumn   otoño
available   disponible
avenue   avenida

B

baby   niño, bebé
back   s. espalda
back   adv. detrás, atrás
bad   malo, a
badly   mal
bag   maleta, valija
baggage   equipaje
ball   bola
banana   banano, plátano
bank   banco
bargain   ganga
bat   s. bate
bat   v. batear
bath   v. bañar, bañarse
bath   s. baño
be   ser, estar
beach   playa
be afraid   tener miedo, temer
be born   nacer
bean   frijol, judía, habichuela
beautiful   hermoso, a
beauty   belleza

because   porque
bed   cama
bee   abeja
beer   cerveza
before   antes, delante de, enfrente,
   enfrente de
begin   empezar
behind   detrás de
below   debajo de
belt   cinturón, faja
beside   al lado de
besides   además de
bet   apostar
better   mejor
between   entre
big   grande, gran
bigger   más grande
biggest   el más grande
bill   s. cuenta
bird   pájaro, ave
bit   pedacito, un poco
black   negro, a
blackboard   pizarra
blood   sangre
blue   azul
board (on)   a bordo
body   cuerpo
bomb   bomba
book   libro
born   nacido
both   ambos
bottle   botella
box   caja
brain   cerebro
brave   valiente
Brazil   Brasil
Brazilian   brasileño, a
bread   pan
break   romper
breakfast   desayuno
breath   v. respirar
breath   s. aliento, respiración
bridge   puente
brim   ala del sombrero
bring   traer
broken   roto, a
building   edificio
bulb   bombilla
bull   toro
bullfight   corrida de toros
burn   quemar

busy ocupado, a
but pero
butler mayordomo
butter mantequilla
butterfly mariposa
buy comprar

C

cabbage repollo de col
calendar calendario
call llamar
can poder
car carro
care v. cuidar
care s. esmero, cuidado
careful adj. cuidadoso
carnation clavel
carrot zanahoria
carry llevar
case caso, modo
cash s. dinero efectivo
catch coger
catch cold resfriarse
cauliflower coliflor
ceiling techo
cent centavo
Central American centroamericano, a
certainly ciertamente
chair silla
chalk tiza
chance riesgo, oportunidad
change v. cambiar
change s. cambio, vuelto
chauffeur chofer
cheap barato
check s. cheque
check v. revisar
check in v. inscribirse, registrarse
cheese queso
chemical químico, a
chest pecho
child niño
children niños
Chinese chino, a
chocolate chocolate
choose escoger
chop chuleta
church iglesia
cigarette cigarrillo

circulate circular
city ciudad
class clase
classroom cuarto de clase
clear liquidar, revisar, despachar
clerk dependiente
climb subir
clock reloj de pared, de mesa
close v. cerrar
close adv. cerca
clothing ropa
cloud nube
cloudy nublado
coast costa
coffee café
cold adj. frío, a
coldness s. frío
color color
comb s. peine
comb v. peinar
come venir
comfortable bien, cómodo, a
comma coma
communicate comunicar
complete completo, a
compose componer
connect conectar
concert concierto
conservative serio, conservador
consider considerar
consonant consonante
contain contener
contrary contrario
cool fresco
correct correcto, a
corridor corredor
cost costar
count contar
counter escritorio, mostrador
country campo, país
course curso
cover cubrir
covered cubierto
cow vaca
cross v. atravesar, cruzar
cross-town a través de la ciudad
crowded atestado, a
crawl arrastrarse
cry gritar, llorar
Cuban cubano, a
cup taza

customs aduana
cut *v.* cortar
cut *s.* herida

D

dad papá
damage daño
dance *v.* bailar
dance *s.* baile
dangerous peligroso
dark *adj.* obscuro, a
darkness *s.* obscuridad
date fecha
day día
December diciembre
decide decidir
declaration declaración
delighted encantado, a
depart partir
depend depender
deserve merecer
desk escritorio
desk clerk recibidor
develop desarrollar
die morir
difference diferencia
different diferente
digest digerir
dimension dimensión
dinner comida
diplomatic diplomático
directly directamente
dirty sucio, a
disappoint desalentar
discover descubrir
displease desagradar, disgustar
distance distancia
divide dividir
do hacer
dodge esquivar
dog perro
domestic doméstico, a
door puerta
double doble
down abajo
downtown sección comercial de la
  ciudad
drawer gaveta, cajón
dress *v.* vestir, vestirse
dress *s.* vestido (de mujer)

drink *v.* beber
drink *s.* bebida
drive guiar, llevar
driver chofer
drop *v.* dejar caer
drop *s.* gota
dry *adj.* seco, a
dry *v.* secar
during durante

E

eagle águila
ear oreja
early temprano
east este
easy fácil
eat comer
educate educar
effect efecto
eight ocho
eighth octavo, a
eighteen diez y ocho
eighty ochenta
either...or o...o
either (en frases negativas) tampoco
either one cualquiera (de los dos)
electric eléctrico, a
elephant elefante
emotion emoción
en route rumbo a
enchanted encantado, a
end *v.* terminar
end *s.* fin
England Inglaterra
English inglés, a
enjoy disfrutar
enough suficiente
enter entrar
entertain divertir, entretener
entrance entrada
equip proveer
even aun
evening noche
eventually finalmente
every cada; todos, as
everyone cada uno, todos, as
everything todo
exactly exactamente
examine examinar

example ejemplo
excellent excelente
exclamation point signo de admiración
excuse dispensar
exercise ejercicio
expensive caro
explain explicar
export s. exportación
export v. exportar
eye ojo

F

face cara, esfera del reloj
facilitate facilitar
fall v. caer
fall s. otoño
family familia
fan abanico
fan (idiotismo) fanático, aficionado
far lejos, bastante, mucho
fast adelantado, a, ligero, a, rápido, a
fasten abrocharse
father padre
fear s. miedo
fear v. temer
feather pluma
February febrero
feel sentir
feet pies
fellow compañero, a
ferocious feroz
few pocos, as
fewer menos (comparativo de poco)
fifth quinto, a
fifty cincuenta
fight pelear, luchar
fill llenar
fin aleta
financial financiera
find encontrar
fine fino, a; bien, bueno, a
finger dedo
finish terminar
first primero, a
fish pescado, pez, peces
fix v. arreglar, reparar
fix s. lío

flag bandera
flame llama
flight vuelo
floor suelo
flow fluir, provenir
flower flor
fly v. volar
fly s. mosca
follow seguir
food alimento
fool s. tonto
fool v. engañar
foot pie
footstool banquillo para los pies
forehead frente
forget olvidar
fork tenedor
form v. formar
form s. forma
fourth cuarto, a
forty cuarenta
France Francia
French francés, a
frequently frecuentemente
fresh fresco, a
Friday viernes
friend amigo, a
frog rana
from desde, de
fruit fruta
fur piel

G

game juego
gangplank puente de barco
generally generalmente
gentleman caballero
gentlemen caballeros
Germany Alemania
get obtener, conseguir
get lost perderse
get up levantarse
get wet mojarse
girl muchacha
give dar
glass vaso
glasses anteojos
glove guante
go ir
go by pasar
go in entrar

go out salir
go to bed acostarse
gold oro
good bueno, a
good bye adiós
good morning buenos días
grape uva
gray gris
great grande
greatly grandemente, considerablemente, muy
green verde
ground suelo, tierra
group grupo
guest invitado, a, huésped
guide guía

H

hair cabello, pelo
half medio, a
ham jamón
hammock hamaca
hand mano, manecilla (del reloj)
handkerchief pañuelo
hang colgar
happen suceder, pasar
happy feliz, contento, a
harbor puerto
hard duro, a
harmful nocivo, a
hat sombrero
have tener
he él
head cabeza
headquarters oficina principal
health salud
hear oir
hearing s. oído
heart corazón
heat calor
heavy pesado, a
held restrasado, mantenido
hello hola
help ayudar, servir, socorrer
hen gallina
her su (de ella), a ella, le
here aquí
high alto
highway carretera
him a él, le, lo

his su (de él)
historical histórico, a
hit golpear
hold retener
holiday día de fiesta
home hogar, casa
honey miel
hope esperar
horse caballo
hot caliente
hour hora
house casa
how cómo, cuán
how many cuántos, as
how much cuánto, a
however sin embargo
huge inmenso
human humano, a
hundred (one) ciento, cien
hunt cazar
hurry s. prisa
hurry v. darse prisa
hurt lastimar, hacer mal
hyphen guión

I

I yo
ice hielo
if si
I hope so ¡ojalá!
ill enfermo
image imagen
imagine imaginarse
immediately inmediatamente
immigration inmigración
impatience impaciencia
important importante
imposing imponente
impressive impresionante
improvement mejora
in en, dentro, adentro
in advance con anticipación
indeed en efecto, claro que sí
in fact en realidad
in front enfrente de, delante de
include incluir
inform informar
ink tinta
inland tierra adentro
inside dentro, adentro, en

instead   en vez de
intend   intentar, pensar
interested   interesado, a
interesting   interesante
interrupt   interrumpir
interview   entrevista
invest   invertir
invitation   invitación
is   es, está
island   isla
it   ello, ella, eso, a
Italy   Italia
its   su (de ello)

J

jacket   chaqueta
January   enero
Japanese   japonés, a
joke   broma, chiste
July   julio
jump   saltar
June   junio
jungle   selva
just   precisamente, justo, solamente

K

keep   guardar, mantenerse
keep on   conservar puesto, continuar
key   llave
kill   matar
kind   adj. bondadoso, a
kindly   bondadosamente
knee   rodilla
knife   cuchillo
knock   golpear
know   saber, conocer

L

lady   señora
lake   lago
lamb   cordero
lamp   lámpara
language   lengua, idioma
land   s. tierra
land   v. aterrizar

large   grande
last   último, a
last   v. durar
last night   anoche
late   tarde
laugh   v. reir
laugh   s. risa
law   ley
leaf   hoja
leap year   año bisiesto
learn   aprender
leave   dejar, salir
left   izquierdo, a
leg   pierna
length   extensión, largura
less   menos
lesson   lección
let   dejar, conceder, permitir
letter   letra, carta
liar   embustero, mentiroso
liberty   libertad
life   vida
light   adj. claro, ligero
light   s. luz, claridad
light   v. encender
like   adv. como
like   v. gustar
limousine   autobús, limousine
lion   león
lip   labio
list   lista
listen   escuchar
live   vivir
liver   hígado
lobby   salón de recibo, vestíbulo (de teatro, hotel, etc.)
location   lugar
London   Londres
long   largo, a
look   v. mirar
look   s. mirada
look out   ¡cuidado!
loudspeaker   altoparlante
love   v. amar
love   s. amor
low   bajo
lucky   afortunado, a
luggage   equipaje
lunch   s. almuerzo
lunch   v. almorzar
lung   pulmón

M

madam señora
magazine revista
make hacer
man hombre
mantelpiece repisa
many muchos, as
marble mármol
March marzo
match fósforo
May mayo
maybe puede ser, tal vez
me me, a mí
meat carne
medium-sized mediano, a
meet v. encontrar, encontrarse con, ser presentado (a alguien)
meeting s. encuentro
memory memoria
men hombres
meter medidor
Mexican mexicano, a
mice ratones
midnight media noche
mile milla
milk leche
mine mío, a
minute minuto
miss s. señorita
miss v. perder, extrañar, echar de menos
Mr. señor, Sr.
Mrs. señora, Sra.
model modelo
Monday lunes
money dinero
monkey mono
month mes
moon luna
more más
moreover además
morning mañana
most el más, la más, mayoría
mother madre, mamá
motion picture película
mouse ratón
mouth boca
move mover, moverse
movies cine
much mucho

museum museo
music música
must deber
my mi, mis
myself a mí mismo, me (reflexivo)

N

name s. nombre
name v. llamar, poner nombre a
narrow estrecho, a, angosto, a
national nacional
naturally naturalmente
near cerca, próximo
nearly casi
neck cuello
need necesitar
neither tampoco, ni
neither one ninguno de los dos
neither...nor ni...ni
never nunca
never mind no importa
new nuevo, a
newspaper periódico
next próximo, a, en seguida
nice bonito
night noche
nine nueve
nineteen diez y nueve
ninety noventa
ninth noveno, a
no no
noise ruido
no one nadie
noon medio día
none ninguno, a, nadie
nor ni
north norte
nose nariz
not no
notebook cuaderno
nothing nada
November noviembre
now ahora
number número

O

object objeto
obliging cortés, complaciente
ocean océano

October octubre
odor olor
of de
of course por supuesto
office oficina
often a menudo
old viejo, a
on en, encima, sobre
only sólo, solamente
one uno, a
one by one uno por uno, a
onion cebolla
open v. abrir
open adj. abierto, a
or o
order (in order to) para
order s. orden
order v. ordenar
ordinarily ordinariamente
other otro, a
our nuestro, a
out afuera, fuera
outside afuera
over encima, sobre
overcoat abrigo
overnight de noche
oversleep despertarse tarde
owe deber
owl buho

P

pack empacar
page página
painting cuadro
palate paladar
paper papel
part parte
party fiesta
pass pasar
passenger pasajero
passerby transeúnte
passport pasaporte
past pasado
paw garra
pay pagar
pea guisante
peach melocotón
peacock pavo real
pear pera
pen pluma
pencil lápiz

people gente, pueblo
perceive percibir
percent por ciento
perhaps quizá
period punto final, período de
    tiempo
person persona
phonograph fonógrafo
picture cuadro, retrato
picnic lunch almuerzo campestre
pineapple piña
pipe pipa
place s. lugar
place v. colocar
plane avión
plate plato
play v. tocar, jugar, representar
    (en el teatro)
play s. obra de teatro
pleasant agradable
please por favor
please v. gustar, complacer
pocket bolsillo
pocket-book cartera (de mujer)
point s. punto
point v. señalar
pork puerco, cerdo
position posición
post card tarjeta postal
potato papa, patata
prepare preparar
present s. presente
present v. presentar, regalar
preserve preservar
pretty bonito, a
prevent prevenir, impedir
price precio
probably probablemente
produce producir
pronounce pronunciar
pronunciation pronunciación
propose proponer
protest protestar
pupil alumno, a
push v. empujar
push s. empujón, empuje

Q

quarantine cuarentena
quarter cuarto, cuarta parte, cuarto
    de hora. moneda de 25 centavos

question pregunta
question mark signo de interrogación
quick rápido
quite bastante, muy, completa-
  mente

R

race carrera, raza
railroad ferrocarril
rain s. lluvia
rain v. llover
raincoat impermeable
rare raro, medio cocido
rat rata
rate precio
rather bastante, más bien
read leer
reach alcanzar
ready listo
really realmente
recipe receta
recommend recomendar
record disco de fonógrafo
red rojo, a
reduce rebajar
region región
regular corriente
remain quedarse
remember recordar
repeat repetir
report presentarse; presentar un
  informe
reporter cronista, reportero
resemble parecerse a
reservoir depósito
rest v. descansar
rest s. descanso, resto
restaurant restaurante
review repaso
rice arroz
ride s. carrera, viaje
ride v. pasear (en un vehículo),
  montarse en
right derecho, a, correcto, a
ring v. repicar, sonar
ring s. anillo
ripe maduro, a
rise levantarse, salir (el sol)
road camino

roastbeef asado de res
roman romano
Rome Roma
room cuarto, espacio
rooster gallo
rose rosa
ruler regla
rum ron
run correr
rush estar de prisa, correr
Russian ruso, a

S

sad triste
sail salir en barco, navegar
sale baratillo, venta
same mismo, a
Saturday sábado
say decir
scale escama
schedule horario
school escuela
scissors tijeras
score marcador, estado del juego
season estación del año
section sección, parte
seashore costa del mar
seat asiento
seated sentado, a
second segundo, a
secretary secretario, a
see ver
seem parecer
semi-colon punto y coma
send enviar
sense sentido
sentence frase
separate separado, aparte
September septiembre
serpent serpiente, culebra
service servicio
set poner, colocar
seven siete
several varios, as
seventeen diez y siete
seventy setenta
seventh séptimo
shame lástima, vergüenza
shark tiburón
shave afeitarse

she ella
shine alumbrar
ship barco
shirt camisa
shoe zapato
shoot tirar
short corto, a
shoulder espalda
show *v.* mostrar
show *s.* representación teatral
sidelong de reojo
sight vista
silk seda
silkworm gusano de seda
silly tonto, a
silver plata
similar igual
sing cantar
sir señor (cuando se habla a una persona)
sister hermana
sister-in-law cuñada
sit estar sentado, sentarse
sit down sentarse
six seis
sixth sexto, a
sixteen diez y seis
sixty sesenta
size medida, número
skirt falda
sky cielo
skyline horizonte
skyscraper rascacielo
sleep *v.* dormir
sleep *s.* sueño
sleepy somnoliento
slow atrasado, despacio
small pequeño, a
smallpox viruela
smell *v.* oler
smell *s.* olor
snake culebra
snow *s.* nieve
snow *v.* nevar
so así, así que, de modo que, de manera que, tan
sock calcetín
soft blando, a
soldier soldado
some unos, as, algunos, as, algo de, algún, varios

someone alguien
something algo
sometimes algunas veces
somewhere alguna parte
son hijo
soon pronto
sooner más pronto, cuanto antes
sort clase
sorry triste, afligido
I am sorry lo siento
sound sonido
soup sopa
South Sur
South American suramericano, a
Spanish español, a
sparrow gorrión
speak hablar
speech el habla, lenguaje
speed velocidad
spend the day pasar el día
spider araña
spoon cuchara
sport deporte
spray atomizador
spring primavera, resorte (de reloj)
stainless inoxidable
standing de pie
star estrella
statue estatua
stay *v.* permanecer
stay *s.* permanencia, estadía
steak filete, bistec
steel acero
step in entrar
stewardess camarera, aeromoza (en un avión)
stick bastón
still todavía, aun
stocking media (de mujer)
stomach estómago
stop detenerse, pararse
store tienda
straight recto, a
stranger extranjero, a; extraño, a
strawberry fresa
street calle
strict estricto, a
string bean judía verde
strong fuerte
student alumno, a

study estudiar
subway subterráneo, metro (tren)
such tal, semejante
sudden de repente, de pronto
sugar azúcar
suit traje de hombre, traje sastre de
  mujer
summer verano
Sunday domingo
supper cena
suppose suponer
sure seguro
surround circundar, rodear
swim nadar

T

table mesa
take tomar, llevar
take off quitarse
tall alto, a
taste s. gusto
taste v. gustar, saborear
taxicab taxi
taxistand estación de taxis
tea té
teach enseñar
teacher profesor, a
team equipo
tear romper
teeth dientes
telephone s. teléfono
telephone v. telefonear
tell decir, contar una historia
ten diez
tenth décimo, a
than que (comparativo)
thank v. dar gracias
thanks s. gracias
that ese, esa, aquel, aquella (adj.);
  ése, ésa, eso, aquél, aquella,
  aquello (pron.); que
the el, la, los, las
theatre teatro
their su (de ellos), sus (de ellos)
them a ellos, a ellas, les, los, las
then entonces, después
there allí, allá, ahí
there are hay (plural)
there is hay (singular)

therefore por consiguiente
these estos, estas (adj.); éstos, éstas
  (pron.)
they ellos, as
thing cosa
think pensar, creer
third tercero, a
thirteen trece
thirty treinta
this éste, ésta, esto (pron.) este, esta
  (adj.)
those esos, esas, aquellos, aquellas
  (adj.) ésos, ésas, aquéllos, aquéllas
  (pron.)
though aunque
thought pensamiento
through a través
throw tirar, lanzar, arrojar
Thursday jueves
ticket billete, citación de la policía
tie corbata
tiger tigre
time tiempo
tip s. punta, propina
tip v. dar propina
tire s. llanta
tire v. cansarse
tired cansado, a
to a, para, hasta
toast brindis, tostada
today hoy
toe dedo del pie
together junto a, juntos, junta-
  mente
tomorrow mañana
tongue lengua
too demasiado, también
tooth diente
touch v. tocar
touch s. tacto
town ciudad
traffic tráfico
train tren
travel viajar
traveler viajero
tree árbol
trip viaje
trouble dificultad
trunk baúl
truth verdad
try probar, ensayar, intentar

try on probarse
Tuesday martes
tulip tulipán
turkey pavo
turn off apagar, cerrar una llave
  (de agua, gas, etc.)
turn on encender, abrir una llave
  (de agua, gas, etc.)
twenty veinte

U

ugliness fealdad
ugly feo, a
umbrella paraguas
umpire árbitro
unbelievable increíble
under debajo
underground debajo de la tierra,
  subterráneo
understand entender; comprender
unfortunately desgraciadamente
United States Estados Unidos
unless a menos que
unpleasant desagradable
until hasta
up arriba, hasta
uptown sección residencial de la
  ciudad
us a nosotros, nos
use v. usar, acostumbrar
use s. uso, utilidad, costumbre
useful adj. útil
useless adj. inútil
usual adj. corriente, acostumbrado, a
usually adv. generalmente

V

vacant desocupado, a
vaccination vacuna
vegetable verdura, legumbre
very muy
violet violeta
visa visar
visit visita
visitor visitante
voice voz
vowel vocal

W

wagon carro
wait esperar
waiter mozo, camarero, sirviente
waitress camarera
wake up despertar
walk caminar, pasear
wall pared
want querer
war guerra
warm caliente
warn avisar, advertir
wash lavar, lavarse
waste desperdicio
watch s. reloj
watch v. cuidar
watchmaker relojero
water agua
we nosotros
wear usar, llevar (ropa, anteojos,
  etc.)
Wednesday miércoles
week semana
weigh pesar
well bien
west oeste
weather tiempo (condición atmos-
  férica)
what que, lo que, la que
when cuando
where donde, adonde
which el cual, la cual, los cuales,
  las cuales; que
while mientras, rato
whisper cuchichear, murmurar
white blanco, a
who quien, quienes
whole entero, todo
whom a quien
whose de quien, de quienes; cuyo,
  a, os, as
why ¿por qué?
wide ancho, a
wife esposa
wild salvaje
win ganar
wind up dar cuerda
window ventana
window display escaparate
windy ventoso

wine   vino
winter   invierno
wire   telegrafiar, cablegrafiar
wish   desear
with   con
without   sin
wolf   lobo
wonder   *v.* preguntarse, extrañarse
wonder   *s.* maravilla
wonderful   magnífico, a; maravilloso, a
wood   madera
word   palabra
work   trabajar
world   mundo
worry   preocuparse, inquietarse
worth   valor, precio
wound   *s.* herida
wound   *v.* herir

wrist watch   reloj de pulsera
write   escribir
wrong   equivocado

Y

yawn   bostezar
year   año
yellow   amarillo, a
yes   sí
yesterday   ayer
you   tú, usted, ustedes, vosotros, le,
   les, a tí, a usted, a ustedes, a vosotros
young   joven
young lady   señorita
your   tu (de tí), su (de Ud.), de
   vosotros, de ustedes

3105119

Claudia Alba!